CATALOGUE

DES

LIVRES ANCIENS ET MODERNES

TRÈS-BIEN CONDITIONNÉS

COMPOSANT LA

BIBLIOTHÈQUE DE FEU M. L. PASQUIER

Chevalier de la Légion d'honneur. Président à la cour d'appel de Paris.

PREMIÈRE PARTIE

DONT LA VENTE AURA LIEU

Le lundi 18 janvier 1875, et les neuf jours suivants
à 7 heures et demie du soir

Rue des Bons-Enfants, 28 (maison Silvestre)

SALLE N° 1.

Par le ministère de Me Delbergue-Cormont, commissaire-priseur
Rue de Provence, 8

Et de Me Peynaud, son confrère, rue de Richelieu, 92.

PARIS

ADOLPHE LABITTE

LIBRAIRE DE LA BIBLIOTHÈQUE NATIONALE

4, rue de Lille, 4

1874

POUR PARAITRE PROCHAINEMENT :

JÉSUS-CHRIST

Par LOUIS VEUILLOT, avec une étude sur l'Art Chrétien, par E. CARTIER. *Paris, Didot.* 1 vol. in-4°, illustré de 16 chromolithographies et de 180 gravures, d'après les monuments de l'art. Relié, tranche dorée . . . . 33 fr.

LE XVIIIE SIÈCLE

Institutions, usages et costumes (1700-1789), ouvrage illustré de 21 chromolithographies et de 350 gravures sur bois, d'après Watteau, Boucher, Eisen, Moreau, Debucourt, etc., etc. *Paris, Didot.* 1 vol. in-4°, relié, tranche dorée. . . . . 40 fr.

MANUEL

DE

L'AMATEUR D'ILLUSTRATIONS

Gravures et portraits pour l'ornement des livres français et étrangers, par J. SIEURIN. *Paris,* 1875. 1 vol. in-8° papier teinté. 12 fr.
Grand papier de Hollande. . . . . 24 fr.

Paris. — Typographie Georges Chamerot, rue des Saints-Pères, 19.

CATALOGUE

DES

LIVRES ANCIENS ET MODERNES

COMPOSANT LA

BIBLIOTHÈQUE DE FEU M. L. PASQUIER

Chevalier de la Légion d'honneur, Président à la cour d'appel de Paris.

ORDRE DES VACATIONS.

1re VACATION. — *Lundi* 18 *janvier* 1875.

	Numéros.
Théologie, Jurisrudence (Répertoire de Dalloz, 47 vol).	1 — 173

2e VAC. — *Mardi* 19.

Jurisprudence, Philosophie........................	174 — 327
Collections......................................	829 — 839

3e VAC. — *Mercredi* 20.

Économie politique, Beaux-Arts, Poëtes anciens.......	328 — 500

4e VAC. — *Jeudi* 21.

Poëtes anciens, Poëtes français, Théâtre..............	501 — 672

5e VAC. — *Vendredi* 22.

Romans, Épistolaires, Polygraphes..................	673 — 828

6e VAC. — *Samedi* 23.

Géographie, Histoire des religions, Histoire ancienne..	840 — 1016

7e VAC. — *Lundi* 25.

Histoire ancienne, Histoire de l'Europe..............	1017 — 1104
Histoire de France................................	1109 — 1193

8e VAC. — *Mardi* 26.

Histoire de France..............................	1194 — 1379

9e VAC. — *Mercredi* 27.

Histoire étrangère, Archéologie, Histoire littéraire, Biographie..................................	1400 — 1570

10e VACATION. — *Jeudi* 28 *janvier* 1875.

Bibliographie, Ouvrages de Gabriel Peignot..........	1571 — 1690
Collections sur l'histoire de France...............	1105 — 1108

CONDITIONS DE LA VENTE.

La vente est faite au comptant.

Il y aura exposition des livres chaque jour de vente de DEUX heures à QUATRE.

Les livres devront être collationnés sur place, dans les vingt-quatre heures de l'adjudication. Passé ce délai, ou une fois sortis de la salle de vente, ils ne seront repris pour aucune cause.

Les acquéreurs payeront 5 % en sus des enchères, applicables aux frais.

Le libraire, chargé de la vente, remplira les commissions des personnes qui ne pourraient y assister.

Paris. — Imprimerie Georges Chamerot, rue des Saints-Pères, 19.

CATALOGUE

DES

LIVRES ANCIENS ET MODERNES

TRÈS-BIEN CONDITIONNÉS

COMPOSANT LA

BIBLIOTHÈQUE DE FEU M. L. PASQUIER

Chevalier de la Légion d'honneur. Président à la cour d'appel de Paris.

PREMIÈRE PARTIE

DONT LA VENTE AURA LIEU

Le lundi 18 janvier 1875, et les neuf jours suivants
à 7 heures et demie du soir

Rue des Bons-Enfants, 28 (maison Silvestre)

SALLE N° 1.

Par le ministère de Me DELBERGUE-CORMONT, commissaire-priseur
Rue de Provence, 8

Et de Me PEYNAUD, son confrère, rue de Richelieu, 92.

PARIS

ADOLPHE LABITTE

LIBRAIRE DE LA BIBLIOTHÈQUE NATIONALE

4, rue de Lille, 4

—

1874

CATALOGUE

DES

LIVRES ANCIENS ET MODERNES

BIEN CONDITIONNÉS

COMPOSANT LA

BIBLIOTHÈQUE DE FEU M. L. PASQUIER

Chevalier de la Légion d'honneur, président à la cour d'appel de Paris.

THÉOLOGIE.

I. ÉCRITURE SAINTE, LITURGIE, CONCILES, SAINTS-PÈRES, THÉOLOGIENS.

1. Sainte Bible, en latin et en français, avec des notes, par Vence, enrichie d'un atlas et de cartes géographiques. *Paris*, *Mame et Delaunay-Vallée*, 1827-33, 27 vol. in-8, v. f. fil. coins, fleurons, dent. int. tête dor. n. rog. et atlas in-4. obl. demi-rel.

2. La Sainte Bible, résumée dans son histoire et dans ses enseignements, par H. Wallon, Ancien et Nouveau Testament. *Paris*, *Firmin Didot*, 1854-59, 2 vol. in-8, demi-rel. dos et coins de v. ant. fil. n. rog. (*Ottmann.*)

3. Nouvelle Traduction des Psaumes, sur le texte hébreu, avec notes et commentaires, par M. Am-

broise Rendu. *Paris*, 1858, 2 vol. in-8, demi-rel. chag. vert foncé, tr. jasp.

4. Novum Testamentum græcum. *Parisiis, Lefèvre*, 1824, 2 vol. in-18, v. r.

5. Novum Testamentum. *Parisiis*, *Barbou*, 1785, — De Imitatione Christi, ed. Beauzée. *Parisiis, Barbou*, 1789, 2 vol. in-12, v. m. tr. dor.

6. Les Actes des Apôtres, traduction avec le texte latin en regard, par l'abbé Crampon. *Paris, Haton*, 1872, in-8, br. neuf. n. c.

7. Histoire de la Révélation biblique, par le docteur Hanneberg, traduite de l'allemand par Goschler. *Paris*, 1856, 2 vol. in-8, demi-rel. dos et coins de v. f. n. r.

8. Traité de la situation du Paradis terrestre, à messieurs de l'Académie françoise, par messire Pierre Daniel Huet, nommé à l'évêché d'Avranches. *Paris*, *chez Anisson, directeur de l'Imprimerie royale*, 1691, in-12, front. et carte maroq. rouge, fil. tr. dor. (*Anc. rel.*)

9. Les Femmes de la Bible, principaux fragments d'une histoire du peuple de Dieu, par l'abbé Darboy, avec collection de portraits des femmes célèbres de l'Ancien et du Nouveau Testament. *Paris, Garnier fr.*, *s. d.*, 2 vol. in-4, demi-rel. dos et coins cuir de Russie, fil., tête dor. n. r.

10. Introduction historique et critique aux livres du Nouveau Testament, par Reithmayr, Hug. Tholuck, etc, traduite et annotée par M. de Valroger. *Paris*, *J. Lecoffre*, 1861, 2 vol. in-8, demi-rel. chagr. noir, tr. jasp.

11. La Mystique divine naturelle et diabolique, par Görrer, ouvrage traduit de l'allemand par M. Charles Sainte-Foi. *Paris*, *veuve Poussielgue-Rusand*, 1854-55, 3 parties en 5 vol. in-8, br. neuf, n. c.

12. Les Saints Évangiles, suivis des Actes des Apôtres et de l'Apocalypse, traduction de Lemaistre de Sacy. *Paris*, *Furne*, 1841, gr. in-8, fig. gr. sur ac., demi-rel. dos et coins de maroq. vert myrte, dos orné, tête dor. n. rog. (*Kœhler.*)

13. Les Saints Évangiles, traduction tirée de Bossuet, avec des réflexions prises du même auteur, par M. Wallon. *Paris*, *Adr. Le Clere*, 1863, 2 vol. in-8, demi-rel. chag. noir, jans. à nerf. tr. jasp.

14. Les Évangiles et la critique au XIXe siècle, par l'abbé Guill. Meignan. *Paris*, *V. Palmé*, 1864, in-8, demi-rel. veau.

15. Les Quatre Évangiles, traduction nouvelle, accompagnée de notes et de dissertation, par l'abbé A. Crampon. *Paris*, *Tolra et Haton*, 1864, in-8, demi-rel. chag. noir. tr. jasp.

16. Méditations sur l'Évangile, par Bossuet. *Paris*, *Garnier*, 1864, in-12, demi-rel. dos et coins de v. f. fil. n. rog.

17. Explication des Évangiles des dimanches et fêtes de l'année, par C.-G. de la Luzerne. *Lyon*, *Paris*, 1851, 2 vol. in-12, demi-rel. chagr. noir, tr. jasp.

18. Histoire de Jésus-Christ, d'après les textes contemporains, par Foisset. *Paris*, *L. Vivès*, 1857, in-8, demi-rel. v. f. n. rogn. (*Gardien.*)

19. Vie de Notre-Seigneur Jésus-Christ, selon la concordance des quatre évangélistes, par M. Wallon. *Paris*, *L. Hachette*, 1865, in-12, demi-rel. v. f. (*A. Pajard.*)

20. La Vie de N.-S. Jésus-Christ, par le docteur Sepp, traduite de l'allemand par M. Ch. Sainte-Foi. *Paris*, *veuve Poussielgue*, 1861, 3 vol. in-12, demi-rel. v. f. n. rog.

21. La Vierge Marie et le plan divin, nouvelles études sur le christianisme, par Aug. Nicolas.

Paris, *Aug. Vaton*, 1856-60, 4 vol. in-12, demi-rel. v. f.

22. Sainte Marie-Madeleine, par le R. P. M. D. Lacordaire. *Paris*, 1860, — Le Souverain Pontife, par Mgr de Ségur. *Paris*, 1863. Ens. 2 vol. in-16, demi-rel. v. f.

23. Saint Paul, sa vie et ses œuvres, par M. Vidal. *Paris*, *Aug. Vaton*, 1863, 2 vol. in-8, portrait, demi-rel. veau ant.

24. L'Apôtre saint Paul. Étude historique, par Aug. Trognon. *Paris*, *Ch. Douniol*, 1869, in-8, dos et coins, demi-rel. v. f. fil. n. rog.

25. Explication de quelques difficultés sur les prières de la messe à un nouveau catholique, par messire Jacques-Bénigne Bossuet, évêque de Meaux. *A Paris*, *chez la veuve Séb. Cramoisy*, 1689, pet. in-12, v. ant.

26. Philosophie de la prière, par Laurentie. *Paris*, *L. Vivès*, 1864, pet. in-12, demi-rel. maroq. noir, jans. non rogné.

27. La Philosophie du Credo, par A. Gratry. *Paris*, *Douniol*, 1861, gr. in-8, demi-rel. dos et coins de maroq. roug, tête jasp. n. r.

28. Traité de l'Exposition du Saint-Sacrement de l'autel, par M. Jean-Baptiste Thiers, bachelier en théologie de la faculté de Paris. *A Paris*, *chez Ant. Dezallier*, 1679, 2 vol. in-12, demi-rel. dos et coins de veau ant. tr. rouge.

29. Explication des Cérémonies de la Fête-Dieu d'Aix en Provence, ornée de figures. *A Aix*, *chez Esp. David*, *impr. du roi*, 1777, in-12, demi-rel. dos et coins de maroq. vert. (*Kœhler.*)

30. Notre-Dame de France, ou histoire du culte de la Sainte-Vierge en France, depuis l'origine du christianisme jusqu'à nos jours, par M. le curé de Saint-

Sulpice. *Paris, Henri Plon*, 1861-66, 7 vol. in-8, br. neuf, n. c.

31. Culte et Pèlerinage de la Très-Sainte-Vierge en Alsace, par le vicomte M.-Th. de Bussière. *Paris, Plon*, 1862, in-8, br. neuf, n. c.

32. La Somme des Conciles généraux et particuliers, par l'abbé Guyot. *Paris, V. Palmé*, 1868, 2 vol. in-12, demi-rel. veau ant. n. r.

33. Les Conciles généraux, par Vincent Tizzani, archevêque de Nisibe, tr. de l'original italien et inédit, par le R. P. Fr.-Joseph-Antonin Doussot. *Paris* (*Rome*), 1868-69, 4 gr. vol. in-8, br. non coupés.

34. Études sur les Pères de l'Église, par J.-P. Charpentier. *Paris, veuve Maire-Nyon*, 1853, 2 vol. in-8, demi-rel. v. f. à nerfs n. rog. (*Ottmann.*)

35. Recueil de différentes thèses et de mémoires sur les Pères de l'Eglise, par M. Desjardins, A. Bayle, Alf. Jacobs, T. Fabre, l'abbé Joly, l'abbé Delacroix, etc. Ens. 19 vol. gr. in-8, cart. en bon état.

36. Saint Jean Chrysostome, œuvres complètes, traduites pour la première fois en français sous la direction et avec la collaboration de prêtres de l'Immaculée Conception de Saint-Dizier. *Bar-le-Duc*, 1863-67, 11 vol. in-4, texte à deux col. Portraits, demi-rel. v. ant. tête jasp. n. rog.

37. Homélies et Lettres choisies de saint Basile le Grand, traduites par l'abbé Auger, vicaire général du diocèse de Lescar. *A Paris, chez Crapart*, 1788, in-8, demi-rel, v. f. tr. jasp.

38. OEuvres de saint Jérôme, traduites en français avec le texte en regard, par J.-F. Grégoire et F.-L. Collombet. *Paris et Lyon, Perisse fr.*, 1837-42, 9 vol. in-8, demi-rel. v. f. tr. jasp.

Vie de saint Paul, 1 vol. — Mélanges, 3 vol. — Lettres, 5 vol.

39. Lettres choisies de saint Jérôme, traduction française avec le texte en regard, par l'abbé F. Lagrange. *Poussielgue fr.*, 1870, in-8, portrait, demi-rel. dos et coins de v. f. dos orné à nerfs fil. tr. peigne. (*Petit, successeur de Simier.*)

40. La Cité de Dieu de saint Augustin, traduction de L. Moreau, avec le texte latin. *Paris*, *J. Lecoffre,* 1854, 3 vol. in-12, demi-rel. v. ant. tête jasp. n. rog. (*Kœhler.*)

41. La Cité de Dieu de saint Augustin, traduction nouvelle de M. Emile Saisset. *Paris*, *Charpentier*, 1855, 4 vol. in-12, jol. dem.-rel. en veau, n. r. (*Ottmann-Duplanil.*)

42. Les Confessions de saint Augustin, évêque d'Hippone, traduction nouvelle par L. Moreau. *Paris*, *Sagnier et Bray*, 1854, gr. in-12, demi-rel. v. f. n. rog. (*Kœhler.*)

43. Lettres de saint Augustin, traduites en français et précédées d'une introduction, par M. Poujoulat. *Paris*, *Lefort*, 1858, 4 vol. in-8, dos et coins demi-rel. maroq. noir, jans. n. rog. (*Gardien.*)

44. Œuvres de saint Bernard, traduites par M. Armand Ravelet, précédées de l'histoire de saint Bernard et de son siècle, par le T. R. P. Théodore Ratisbonne. *Paris*, *V. Palmé*, 1866-68, 4 vol. in-4, texte à deux col. br. neuf. n. c. Portrait.

45. Œuvres de Bossuet. *Paris*, *Firm. Didot frères*, 1852, 4 vol. in-4, portrait, dos et coins, demi-rel. v. f. non rog. (*Ottmann-Duplanil.*)

46. Traité de la connaissance de Dieu et de soi-même, suivi de l'Exposition de la doctrine de l'Eglise catholique, par Bossuet, nouvelle édition, par M. Silvestre de Sacy. *Paris*, *Techener*, 1864, in-12, demi-rel. dos et coins de v. f. fil.; tête dor. n. r.

47. Élévations à Dieu sur tous les mystères de la religion chrétienne, par Bossuet, ornées de magnifiques gravures sur acier gravées au burin. *Paris, Garnier frères, s. d.*, gr. in-4, pap. vél. demi-rel. dos et coins de maroq. viol. dos orné, fil. tête dor.

48. OEuvres de Massillon, évêque de Clermont. *A Paris, Aug. Renouard*, 1810, 13 vol. in-8, portrait, demi-rel. dos et coins de v. f. tr. jasp.

49. Thiers (l'abbé Jean-Bapt.). Traité de la Clôture des religieux. *Paris*, 1681, in-12. — Dissertation ecclésiastique. *Paris*, 1688, in-12. — La Sainte Larme de Vendôme. *Paris*, 1699, in-12. — La plus solide de toutes les dévotions. *Paris*, 1703, in-12. — Traité des superstitions. *Paris*, 1704, in-12, 4 vol. in-12. — Traitez des cloches, *Paris*, 1721, in-12. — Histoire des perruques. *Avignon*, 1779, in-12. Ens. 7 ouvr. en 10 vol. demi-rel. dos et coins de veau gris, tr. rouges.

50. Opuscules de Mgr de Ségur. *Lyon et Paris, Pélagaud*, 1862, 2 vol. in-12, demi-rel. v. f.

2. THÉOLOGIE DOGMATIQUE, CATÉCHÉTIQUE ET MORALE. — SERMONNAIRES. — THÉOLOGIE MYSTIQUE. — THÉOLOGIE POLÉMIQUE.

51. Les Dogmes catholiques exposés, prouvés et vengés des attaques de l'hérésie et de l'incrédulité, par J. Laforest. *Bruxelles*, 1855-59, 4 vol. in-8, demi-rel. v. f. tr. jasp. (*Pajard.*)

52. Pensées sur le Christianisme par J. Droz. *Paris*, 1845. — Considérations sur le dogme générateur de la piété catholique, par l'abbé Gerbet. *Paris*, 1853. — Défense des dogmes principaux du christianisme, par l'abbé Martin de Noirlieu. *Paris*, 1853, en 3 vol. in-12, demi-rel. mar. et v. f.

53. Histoire du dogme catholique par Mgr Ginoulhiac. *Paris*, *Aug. Durand*, 1866, 3 vol. in-8, br. n. c.

54. Catéchisme historique, contenant en abrégé l'Histoire sainte et la Doctrine chrétienne, par l'abbé Fleury. *A Paris*, *chez P.-Fr. Émery*, 1705, 2 vol. in-12, front. gr. v. f. ant. dos orné, fil.

Bel exemplaire provenant de la bibliothèque Yéméniz.

55. Catéchisme du diocèse de Meaux par messire J.-Bénigne Bossuet, évêque de Meaux. *A Paris*, *chez Séb. Mabre-Cramoisy*, 1687, pet. in-12, v. ant.

56. L'OEuvre par excellence, ou Entretiens sur le catéchisme, par Mgr l'Évêque d'Orléans. *Paris*, *Douniol*, 1869, in-8, br. n. c.

57. La Morale de l'Évangile, comparée aux divers systèmes de morale, par L. Bautain. *Paris*, *Aug. Vaton*, 1855, in-8, demi-rel. v. ant. à nerfs, n. rogn.

58. Lectures morales et religieuses, extraites et traduites des Pères de l'Église latine, par J. Nourrisson. *Paris*, *L. Hachette*, 1856, 2 vol. in-12, demi-rel., v. f. n. r. (*Ottmann Duplanil*).

59. Essais de morale, contenus en divers traités sur plusieurs devoirs importants (par Nicolle). *A Paris*, *chez Guill. Desprez, libraire ordinaire du Roy*, 1741-1755, 22 vol. in-12, v. f. fil. tête dor. (*Anc. rel.*)

60. Bibliothèque religieuse, à l'usage des dames chrétiennes, par une société d'ecclésiastiques. *Paris*, *L. Curmer*, 1843-44, 8 vol. in-16, demi-rel. dos et coins de maroq. brun la Vall. jans. tête dor. n. rog.

Cette petite collection se compose de la Vie de sainte Thérèse; — l'Esprit de saint François de Sales; — Chemin de la croix; — Lettres de saint Jérôme; — Vie chrétienne de saint Bernard; — Poésies religieuses; — Vie des saintes; — l'Esprit de Bossuet.

61. La Guide des Pécheurs, par le R. P. L. de Grenade, traduite de l'espagnol par M. Girard. *Lyon* et *Paris*, 1860, 2 vol. in-12, demi-rel., bas. bleu.

62. Directions pour la conscience d'un Roi, ou Examen de conscience sur les devoirs de la royauté, par Fénelon. *Paris, Aug. Renouard*, 1825, in-12, portraits, jol. demi-rel. dos et coins de maroq. bleu clair, fleurons, fil.; tête dor. n. rog.

63. Mœurs des chrétiens et des Israélites, par M. l'abbé Fleury, prieur d'Argenteuil, confesseur du Roi. *Paris*, 1754, 2 vol. in-12, v. gr. fil.

64. Lettres écrites à un provincial, par Blaise Pascal, précédées d'un Essai sur ces lettres et sur le style de l'auteur. *Paris*, *Aimé André*, 1839, in-8, demi-rel. dos et coins de maroq. rouge foncé, tête dor. n. rog. (*Kœhler.*)

65. Les Provinciales, ou les Lettres écrites par Louis de Montalte à un provincial de ses amis et aux Rév. PP. Jésuites, publiées sur la dernière édition revue par Pascal, avec les variantes des éditions précédentes et leur réfutation, par M. l'abbé Maynard. *Paris, F. Didot*, 1851, 2 vol. in-8, demi-rel. dos et coins de maroq. rouge à nerfs, jans. n. rog. (*Ottmann.*)

66. Lettres de saint François de Sales, adressées à des gens du monde; nouvelle édition, publiée par M. Silvestre de Sacy. *Paris*, *J. Techener*, 1865, in-12, demi-rel. dos et coins de v. f. fil. tête dor. n. r.

67. Lettres de saint François-Xavier, de la compagnie de Jésus, traduites sur l'édition latine de Bologne par M. Léon Pagès. *Paris*, *Ve Poussielgue-Rusand*, 2 vol. in-8, portr. gr. sur ac. et carte, demi-rel. mar. noir.

68. Lettres de la mère Agnès Arnaud, abbesse de Port-Royal, publiées par M. P. Faugère. *Paris*,

Benj. Duprat, 1858, 2 vol. in-8, fac-simile, demi-rel. maroq. noir jans.

69. Correspondance du R. P. Lacordaire et de Mme Swetchine, publiée par le comte de Falloux. *Paris, Didier et Cie*, 1864, in-8, demi-rel. v. f. tr. peig.

70. Lettres du Rév. P. Lacordaire à des jeunes gens, recueillies et publiées par l'abbé H. Perreyve. *Paris, Ch. Douniol*, 1863, in-8, demi-rel. v. f. tr. peig.

71. Tableau de l'éloquence chrétienne au IVe siècle, par M. Villemain. *Paris, Didier et Cie*, 1857, in-12, demi-rel. dos et coins de maroq. rouge, n. rogn.

72. Saint Jean Chrysostome considéré comme orateur populaire, par P. Albert. *Paris, L. Hachette*, 1858, in-8, br.

73. La Chaire française au moyen âge, spécialement au XIIIe siècle, par A. Lecoy de la Marche. *Paris, Didier et Cie*, 1868, in-8, demi-rel., v. f. n. rog.

74. Essai historique et critique sur les sermons français de Gerson, par l'abbé Ern. Bourret. *Paris, Douniol*, 1858, gr. in-8, dem.-percal. n. rogn.

75. De la Prédication sous Henri IV, par l'abbé Adr. Lezat. *Paris, Ern. Thorin, s. d.*, in-8, br., n. c.

76. Des Prédicateurs au XVIIe siècle, avant Bossuet, par P. Jacquinet. *Paris, Didier*, 1863, in-8, demi-rel. v. f. tr. jasp.

77. Vinet (A.). Histoire de la Prédication parmi les réformés de France, au XVIIe siècle. *Paris*, 1860. — Études sur Blaise Pascal. *Paris*, 1856, ens. 2 vol. in-8, br.

78. Les Orateurs sacrés à la cour de Louis XIV, par l'abbé A. Hurel. *Paris*, *Didier*, 1872, 2 vol. in-8, br. neuf.

79. Choix de sermons de la jeunesse de Bossuet. Édition critique par E. Gandar. *Paris, Didier*, 1867, in-8, demi-rel. maroq. vert myrte, tr. peigne.

80. Bossuet orateur. Études critiques sur les sermons de la jeunesse de Bossuet (1643-1662), par E. Gandar. *Paris, Didier et Cie*, 1867, in-8, demi-rel. dos et coins de v. f. tr. peig.

81. Études sur les sermons de Bossuet, d'après les manuscrits, par l'abbé Victor Vaillant. *Paris, Plon fr.*, 1851, in-8, demi-rel. v. f. à nerfs, n. r. (*Ottmann.*)

82. Sermon presché à l'ouverture de l'assemblée générale du clergé de France, par Mgr Jacq.-Bénigne Bossuet. *A Paris*, *chez Fr. Léonard, imp. ordinaire du Roy*, 1682, in-4, dem.-percal. non rogn.

83. Oraisons funèbres de Bossuet, Fléchier et autres orateurs, avec un discours préliminaire et des notes par M. Dussault. *Paris, L. Janet*, 1820-1826, 4 vol. in-8, demi-rel., portraits de Desenne, Nanteuil, Fragonard, 4 vol. in-8, demi-rel. dos et coins de maroq. noir, tête dor. n. rog. (*Kœhler.*)

84. Oraisons funèbres choisies de Mascaron, Bourdaloue, La Rue et Massillon. *A Paris, Aug. Renouard, an X* (1802), pet. in-12, portr. de Bourdaloue, demi-rel. dos et coins de maroq. violet foncé, tête dor. non rogné.

85. Panégyrique et autres sermons, prêchez par messire Esprit Fléchier, évesque de Nîmes. *A Paris, chez Jean Anisson, direct. de l'Imp. royale*, 1696, in-4, veau fauve ant. fil.

Bel exemplaire.

86. Sermons de l'abbé Poulle, prédicateur du Roi. *A Paris, chez Mérigot*, 1778, 2 vol. in-12, veau porph. fil; tr. dor.

87. Défense du Christianisme, ou Conférences sur la religion, par M. D. Frayssinous, évêque d'Hermopolis. *Paris, Ad. Le Clère*, 1846, 3 vol. in-12, demi-rel. v. f. brun.

88. Conférences de Notre-Dame de Paris, par le R. P. H.-Dominique Lacordaire. *Paris, Sagnier et Bray*, 1853-54, 4 vol. — Conférences de Toulouse, suivies de divers opuscules. *Paris, Vve Poussielgue-Rusand*, 1857, 1 vol. Ens. 5 vol. gr. in-8, demi-rel. v. ant. n. rog. (*Ottmann.*)

89. Le Progrès par le Christianisme, conférences de Notre-Dame de Paris, par le R. Père Félix (années 1856 à 1864). *Paris, Ad. Le Clère*, 1858-64, 9 vol. in-8, dont les 6 premiers demi-rel. v. f. et les trois autres br. n. c.

90. Conférences religieuses, offertes à la jeunesse lettrée, par C. Leclerc. *Auxerre et Paris*, 1862, in-8, demi-rel., v. f.

91. Conférences du couvent de Saint-Thomas d'Aquin de Paris, par le R. P. Jacq.-Marie Monsabré. *Paris, Vve Poussielgue et fils*, 1866, 2 vol. in-8, demi-rel. dos et coins de veau ant. tr. peig.

92. Besson (l'abbé). Le Décalogue, ou la Loi de l'Homme-Dieu, conférences. *Paris, Bray*, 1868, 2 vol.— L'Église, œuvre de l'Homme-Dieu, conférences. *Paris, Bray*, 1865, 1 vol. — L'Homme-Dieu, conférences. *Paris, Amb. Bray*, 1865, ens. 4 vol. in-8; demi-rel. dos et coins de maroq. viol. fil. tr. peigne.

93. Radicalisme contre radicalisme, conférences de Notre-Dame de Paris, par le R. P. J.-M.-L. Monsabré. *Paris*, 1872, in-8, br.

94. Le Livre de l'Internelle Consolacion, première version française de l'Imitation de Jésus-Christ,

publiée par MM. L. Moland et Ch. d'Héricault. *Paris, P. Jannet*, 1856, in-12, demi-rel. dos et coins de maroq. rouge foncé jans. (*Kœhler.*)

Épuisé.

95 Dissertation sur soixante traductions françaises de l'Imitation de Jésus-Christ, dédiée à Sa Majesté l'Impératrice et Reine, par Ant.-Alex. Barbier. *Paris, chez Lefèvre*, 1812, demi-rel. dos et coins de maroq. rouge du Lev. jans. tête dor. n. rog. (*Petit, succ. de Simier.*)

96. Traité de la perfection du chrétien, par l'éminentissime cardinal duc de Richeliev. *A Paris, chez Ant. Vitre, impr. du Roy et du clergé*, 1646, pet. in-12, vel. front. gr.

97. Réflexions sur la miséricorde de Dieu, par la duchesse de la Vallière, nouvelle édition annotée par Pierre Clément. *Paris, Techener*, 1860, 2 vol. in-12, demi-rel. dos et coins de maroq. rouge à nerfs, tr. peig.

98. Les Mystiques espagnols : Malon de Chaide, Jean d'Alvila, Louis de Grenade, Louis de Léon, sainte Thérèse, Saint-Jean de la Croix et leur groupe, par P. Rousselot. *Paris, Didier et C*[ie], 1867, in-8, demi-rel. v. f.

99. Étude sur le symbolisme de la nature, interprété d'après l'Écriture sainte et les Pères, par Mgr de la Bouillerie. *Paris, Gaume et J. Duprey*, 1864, in-8, br. n. c.

100. Pensées de Pascal, publiées dans leur texte authentique, avec un commentaire suivi, par Ern. Havet. *Paris, Dezobry*, 1852, in-8, demi-rel. dos et coins de maroq. rouge à nerfs, n. rogn. (*Ottmann.*)

101. Les Pensées de Blaise Pascal, suivies d'une nouvelle table analytique. *Paris, Aimé André*, 1859, in-8, portrait, demi-rel. dos et coins de maroq. r., tête dor. n. rog. (*Kœhler.*)

102. Pensées de Pascal, publiées par Ern. Havet. *Paris, Ch. Delagrave et Cie*, 1866, 2 vol. in-8, br. n. c.

103. Pensées sur divers sujets de religion et de morale, par Bourdaloue, précédées d'une introduction par M. Silvestre de Sacy. *Paris, L. Techener*, 1868, 2 vol. in-12, demi-rel. dos et coins de v. f. à nerfs et fleurons, tête dor. n. rog.

104. Pensées sur la religion, de Jean Thomassy, suivies de l'opuscule intitulé Jésus-Christ. *Paris, H. Plon*, 1865, in-8, demi-rel. v. ant.

105. Études philosophiques sur le Christianisme, par Aug. Nicolas. *Paris, Aug. Vaton*, 1850, 4 vol. in-12, demi-rel. veau vert myrt. (*Kœhler.*)

106. L'Art de croire, ou Préparation philosophique à la foi chrétienne, par Auguste Nicolas. *Paris, Ambr. Bray*, 1867, 2 vol. in-8, demi-rel. dos et coins de maroq. vert myrte jans. tr. peig.

107. Théodicée chrétienne, ou Comparaison de la notion chrétienne avec la notion rationaliste de Dieu, par C. Maret. *Paris, J. Leroux et Jouby*, 1850, in-8, demi-rel. v. ant. n. r. (*Gardien.*)

108. Le Protestantisme comparé au Catholicisme dans ses rapports avec la civilisation européenne, par Jacques Balmès. *Paris, Aug. Vaton*, 1852, 3 vol. in-12, demi-rel. v. vert. (*Kœhler.*)

109. Le Christianisme jugé dans ses œuvres, par l'abbé A. Laviron. *Paris, Eug. Belin et Ambr. Bray*, 1857, 2 vol. gr. in-8, demi-rel. dos et coins de v. f. *ébarbés.*

110. Le Christ et les Antechrists dans les Écritures, l'histoire et la conscience, par V. Decamps. *Paris, Castermann*, 1858, gr. in-18, br. n. c.

111. Études sur le but de la vie, ou Défense du christianisme contre les principales erreurs modernes, par F.-V. Roger. *Paris, A. Leclère*, 1865, in-8, demi-rel. v. f. n. rog.

112. Entretiens sur l'Église catholique, par l'abbé Henri Perreyve. *Paris, Douniol*, 1865, 2 vol. in-8, demi-rel. v. f. tr. jasp.

113. Défense de l'Église contre les erreurs historiques de MM. Guizot, Aug. et Am. Thierry, Michelet, Ampère, Quinet, Fauriel, Aimé-Martin et par l'abbé J.-M. Sauveur Gorini. *Lyon et Paris*, 1864, 4 vol. demi-rel. dos et coins de chagr. vert, tête dor. n. rog.

114. Thèses sur la Théologie, par l'abbé Saurot, Dr Payen, G. Gidel, A Croiset, etc. 12 vol., br. in-8.

3. PROTESTANTISME, ETC.

115. Beausobre. Histoire critique de Manichée et du Manichéisme. *Amst.*, 1734-39, 2 vol. in-4, gr. pap. vélin de Holl.

116. Les Libres Prêcheurs, devanciers de Luther et de Rabelais. Étude historique, critique et anecdotique sur les XIVe, XVe et XVIe siècles, par Antony Méray. *Paris, A. Claudin*, 1860, pet. in-12, pap. vergé, demi-rel. v. f.

Tiré à petit nombre, devenu rare.

117. Les Réformateurs avant la réforme, XVe siècle, Jean Huss et le Concile de Constance, par E. de Bonnechose. *Paris, Cherbuliez et Renouard*, 1845, 2 vol. in-8, demi-rel. v. f. tr. jasp.

118. Histoire de la Réformation du seizième siècle, par J.-H. Merle d'Aubigné. *Paris, F. Didot*, 1838-53, 5 vol. in-8, demi-rel. dos et coins de mar. r., tête jasp. n. rog.

119. Luther. Étude historique, par Ant. de Latour. *Paris*, 1835, in-8, cart. perc. n. rog. (*Pierson.*)

Ouvrage tiré à cent exemplaires et qui n'a pas été mis dans le commerce.

120. Essai sur l'esprit et l'influence de la Réformation de Luther, par Ch. Villiers. *Paris*, *Treuttel et Würtz,* 1820, in-12, demi-rel. v. f.

121. Histoire de la vie, des écrits et des doctrines de Martin Luther. *Paris*, *L. Maison*, 1845-46, 3 vol. in-8, demi-rel. dos et coins de maroq. rouge, tête jasp. n. rog. (*Kœhler.*)

122. Histoire de la vie, des ouvrages et des doctrines de Calvin, par M. Audin. *Paris*, *L. Maison*, 1841, 2 vol. in-8, portraits, demi-rel. v. bleu, tr. jasp.

123. Méditations sur la Religion chrétienne, dans ses rapports avec l'état actuel des sociétés et des esprits, par M. Guizot. *Paris*, *Michel Lévy fr.*, 1868, in-8, br.

124. Histoire des Flagellans, où l'on fait voir le bon et le mauvais usage des flagellations parmi les chrétiens, traduite du latin de M. l'abbé Boileau. *A Amsterdam*, 1732, in-12, demi-rel. sur brochure, dos et coins de mar. rouge, fil., dos orné à petits fers (*Petit, succ. de Simier.*)

JURISPRUDENCE.

I. INTRODUCTION ET DICTIONNAIRES.

125. Histoire de la Législation, par M. le marquis de Pastoret. *A Paris, de l'Impr. royale*, 1817-37, 11 vol. in-8, demi-rel. veau viol.

126. Introduction générale à l'Histoire du droit, par M. E. Lerminier. *Paris, Alex. Mesnier*, 1829, in-8, demi-rel. veau viol.

127. Introduction générale à l'Étude du droit, par M. Eschbach. *Paris, Cotillon*, 1856, in-8, demi-rel. v. f. n. rog. (*Gardien.*)

128. Législation primitive, considérée dans les derniers temps par les seules lumières de la raison, suivie de divers traités et discours politiques, par M. le vicomte de Bonald. *Paris, Ad. Le Clère*, 1847, in-8, demi-rel. v. ant. (*Kœhler*),

129. Le Droit païen et le Droit chrétien, par Ch. Carpentier. *Paris, Durand et Thorin*, 1866-68, 3 vol. in-12, br. n. c.

130. Esprit, origine et progrès des institutions judiciaires des principaux pays de l'Europe, par J.-D. Meyer. *Paris*, 1827, 5 vol. in-8, demi-rel. v. f. (*Ottmann-Duplanil.*)

131. Des Délits et des Peines, par Beccaria, traduction par P.-J.-S. Dufey (de l'Yonne). *Paris, Dalibon*, 1821, in-8, demi-rel. v. ant. tr. marb.

132. Théorie des peines et des récompenses, ouvrage extrait des manuscrits de M. Jérémie Bentham, jurisconsulte anglais, par E. Dumont. *Paris, Bossange*, 1825-26, 2 vol. in-8, demi-rel. v. ant.

133. Recherches sur la condition civile et politique des femmes depuis les Romains jusqu'à nos jours, par Ed. Laboulaye. *Paris*, 1843, in-8, demi-rel. v. f. tr. jasp.

134. Histoire du droit de propriété foncière en Occident, par Ed. Laboulaye. *Paris*, 1839, in-8, demi-rel. dos et coins de v. f. tr. jasp. (*Ottmann.*)

135. Jurisconsultorum Vitæ, Bernardino Rutilio autore. *Lugd.*, 1538, pet. in-8.

136. Philosophie des lois au point de vue chrétien, par L. Bautain. *Paris, Didier*, 1860, in-8, demi-rel. v. ant. tr. jasp.

137. Mélanges de droit et d'histoire, par M. Benech. *Paris*, *Cotillon*, 1857, in-8, demi-rel. v. f. (*A. Pajard.*)

138. Thèses pour le Doctorat, réunion d'environ 100 pièces en 9 vol. in-8, demi-rel. v. an. tr. jasp.

139. Thèses pour le Doctorat, par MM. Léopold Monty, Paul Pont, A. Valette, E. de Buttet, Sabbatier, etc. Ens. 24 br. in-8.

2. DROIT DE LA NATURE ET DES GENS ET DROIT POLITIQUE.

140. Cours de droit naturel, professé à la Faculté des lettres de Paris, par Th. Jouffroy. *Paris*, *Hachette*, 1843, 2 vol. in-8, demi-rel. v. f. tr. jasp. (*Kœhler.*)

141. Le Droit international public de l'Europe, par A.-G. Heffter, traduit de l'allemand par Jules Beryson. *Berlin et Paris*, 1857, in-8, demi-rel. chagr. vert. myrte n. rog.

142. Loi Salique, ou Recueil contenant les anciennes rédactions de cette loi et le texte connu sous le nom de *Lex emendata*, avec des notes et des dissertations, par J.-M. Pardessus. *Paris*, *Impr. royale*, 1843, in-4, demi-rel. dos et coins de mar. r. n. rog. (*Ottmann-Duplanil.*)

143. Théorie des lois politiques de la monarchie française, par Mlle de Lézardière. *Paris*, 1844, 4 vol. in-8, demi-rel. dos et coins de mar. r. tête jasp. n. rog. (*Ottmann.*)

3. DROIT CIVIL ET CRIMINEL.

a. *Droit romain.*

144. Éléments de Droit romain, par Heineccius, traduits et annotés par Ch. Giraud. *Paris et Aix*, 1835, in-8, demi-reliure v. ant. (*Kœhler.*)

145. L'Interprétation des Institutes de Justinien, ouvrage inédit d'Étienne Pasquier, avocat général du roi en la Chambre des comptes, publié par M. le duc Pasquier, chancelier de France, avec une introduction et des notes de M. Ch. Giraud. *Paris*, *Videcoq et Durand*, 1847, in-4, demi-rel. dos et coins de maroq. vert clair, non rog. (*Kœhler.*)

146. Institutes de Justinien, traduites et expliquées par A.-M. du Courroy. *Paris*, *G. Thorel*, 1851, 2 vol. in-8, demi-rel. v. f.

147. Warnkœnig. Commentarii juris romani. *Leodii*, 1825, 3 vol. in-8, demi-rel. v. ant.

148. Histoire du droit criminel des peuples anciens, par Alb. Du Boys. *Paris*, *Joubert*, 1845, in-8, demi-rel. v. f.

149. Essais sur le droit public et privé de la République athénienne, par Georges Perrot. *Paris*, *Ern. Thorin*, 1867, in-8, demi-rel. dos et coins de v. f. tr. peig. (*Pajard.*)

150. Études historiques sur les traités publics chez les Grecs et chez les Romains, depuis les temps les plus anciens jusqu'aux premiers siècles de l'ère chrétienne, par E. Egger. *Paris*, *A. Durand*, 1866, in-8, br.

151. Histoire de la Législation romaine, depuis son origine jusqu'à la législation moderne, par M. Ortolan. *Paris, Joubert*, 1842, in-8, demi-rel. v. ant. (*Kœhler.*)

152. Histoire du Droit civil de Rome et du Droit français, par M. F. Laferrière. *Paris*, *Joubert*, 1846-58, 6 vol. in-8, demi-rel. v. ant. (*Kœhler.*)

153. Pellat (C.-A.). Exposé des principes généraux du droit romain sur la propriété et l'usufruit. *Paris*, *Plon*, 1853. — Institutes de Gaïus, tra-

duites et commentées. *Paris, Thoul,* 1844. Ens. 2 vol. in-8, demi-rel. v. f. (*Kœhler.*)

154. Du Droit de gage et d'hypothèque chez les Romains, traduit par M. C.-A. Pellat. *Paris, Guill. Thorel,* 1840, in-8. — Exposé des principes généraux du droit de propriété et de ses principaux démembrements, particulièrement de l'usufruit, par Pellat. *Paris, Alex. Gobelet,* 1837, in-8. Ens. 2 ouv. in-8, demi-rel. v. f. (*Ottmann-Duplanil.*)

155. Traité des Actions, ou Exposition historique de l'organisation judiciaire et de la procédure civile chez les Romains, par L.-B. Bonjean. *Paris, Videcoq,* 1841-45, 2 vol. in-8, demi-rel. dos et coins de maroq. bleu.

156. Des Voies d'exécution sur les biens des débiteurs dans le droit romain et dans l'ancien droit français, par J. Tambour. *Paris,* 1856, 2 vol. in-8, demi-rel. v. f.

157. Essai sur les lois criminelles des Romains, concernant la responsabilité des magistrats, par Ed. Laboulaye. *Paris, A. Durand et Joubert,* 1845, in-8, demi-rel. v. f. tr. peig.

158. Savigny. Geschichte der Roemischen Rechts im Mittelalter. *Heidelberg,* 1815, 6 vol. in-8, v. ant.

b. *Droit français.*

159. Origines du Droit français cherchées dans les symboles et formules du droit universel, par M. Michelet. *Paris, L. Hachette,* 1837, in-8, demi-rel. v. ant. (*Kœhler.*)

160. Histoire du droit français, par M. F. Laferrière. *Paris, Joubert,* 1836-38, 2 vol. in-8, demi-rel. v. ant. tr. marb.

161. Travaux sur l'histoire du droit français, par Henri Kleimrath, docteur en droit, recueillis, mis en ordre par M. L.-A. Warnkœnig. *Paris, Strasbourg*, 1843, 2 vol. in-8, demi-rel. dos et coins de maroq. bleu, n. rog. (*Kœhler.*)

162. Institution au droit français, par Claude Fleury, publiée par M. Ed. Laboulaye et M. Rodolphe Dareste. *Paris, Auguste Durand*, 1858, 2 vol. in-8, demi-rel. v. f. tr. jasp. (*Gardien.*)

163. Essai historique sur l'organisation judiciaire et l'administration de la justice, depuis Hugues Capet jusqu'à Louis XII, par J.-M. Pardessus. *Paris, Aug. Durand*, 1851, gr. in-8, pap. vergé, demi-rel. dos et coins de maroq. rouge, n. r.

164. Ordonnances royaux sur le faict de la justice et abbreviatiō des proces partout le royaulme de France, faictes par le Roy nostre sire : et publiées en la cour de parlement à Paris, le sixième iour du mois de septēbre, l'an mil cinq cens XXXIX. *Imprimées à Paris pour Pōcet le Preux et Arnould l'Angelier, libraires, s. d.*, pet. in-8, maroq. bleu foncé, jans. dent. int. tr. dor. (*Hardy.*)

Bel exemplaire rempli de témoins.

165. OEuvres complètes de J. Domat. Nouvelle édition, revue, corrigée et précédée d'une notice historique sur Domat, par J. Remy, jurisconsulte. *Paris, Alex. Gobelet*, 1835, 4 vol. in-8, demi-rel. v. f. tr. peig.

166. OEuvres de Pothier, contenant les traités du droit français, édition publiée par M. Dupin, avocat. *Paris, Béchet*, 1824-25, 11 vol. in-8, portrait gr. et fac-simile, demi-rel. v. ant.

167. Institutes coutumières d'Antoine Loysel, avec les notes d'Eusèbe de Laurière ; nouvelle édition, par M. Dupin et M. Ed. Laboulaye. *Paris*, 1846, 2 vol. in-12, demi-rel. v. ant. (*Kœhler.*)

168. Les Codes français, par Louis Tripier. *Paris, Cotillon,* 1854, gros in-8, demi-rel. maroq noir.

169. Les Codes français, collationnés sur les textes officiels, par Louis Tripier. *Paris, Cotillon et fils*, 1873, gr. in-8, demi-rel. maroq. noir du Lev. cousu sur nerfs.

170. Discours, rapports et travaux inédits sur le code civil, par J. et Marie Portalis, publiés par le vicomte Portalis. *Paris, Joubert*, 1844, in-8, demi-rel. v. ant. tr. jas. (*Kœhler.*)

171. Motifs et Discours prononcés lors de la publication du code civil par les divers orateurs du conseil d'État et du Tribunat. *Paris, Firm. Didot frères*, 1850, 2 vol. gr. in-8, texte à deux col. demi-rel. v. f. tr. jasp.

172. Commentaire analytique du Code Napoléon, par J. Vuillaume. *Paris, Cotillon et Durand*, 1856, in-8, br. neuf, n. c.

173. Répertoire méthodique et alphabétique de législation et de doctrine de jurisprudence, par M. Dalloz. *A Paris*, 1845-1864, 47 vol. in-4, texte à deux col. demi-rel. maroq. noir, tr. jasp.

Bel exemplaire. Le tome Ier et les deux parties du tome XXXIV sont br. n. c. Le tome Ier est daté de 1870, et le tome XXXIV est de 1869-70.

174. Le Droit civil français, suivant l'ordre du code, par M. C.-B.-M. Toullier. *Paris, Renouard*, 1830-31, 14 vol. in-8. — Continuation, par J.-B. Duvergier. Traité de la vente, 2 vol. — Traité du Louage, 2 vol. — Traité de la Société. — Traité du Prêt. — Ens. 20 vol. in-8, demi-rel. v. ant. tr. mar.

175. Cours analytique du Code civil, par A.-M. Demante. *Paris, G. Thorel*, 1849-55, 3 vol. in-8, demi-rel. chagr. vert myrte, tr. jasp.

176. Cours de droit civil français, d'après l'ouvrage allemand de C.-P. Zacharia, par MM. C. Aubry et

C. Rase. *Paris*, *Cosse*, 1856-58, 6 vol. in-8, demi-rel. v. ant. tr. jasp.

177. Droit civil expliqué par Troplong. Des donations entre-vifs, 4 vol. — Priviléges et hypothèques, 4 vol. — Du cautionnement. 1 vol. — Commentaire sur le prêt, 1 vol. — Contrat de société, 2 vol. — Commentaire sur l'échange et le louage, 3 vol.— Commentaire sur la vente, 2 vol. — Du Contrat de mariage, 4 vol. — De la transcription hypothécaire, 1 vol. — De la contrainte par corps, 1 vol. — Commentaire sur le dépôt, 1 vol. — Du nantissement, 1 vol. — Du mandat, 1 vol. — Commentaire sur la prescription, 2 vol. — Ens. 28 vol. in-8, demi-rel. v. f. tr. marbr.

178. Cours du Code civil, par C. Demolombe. *Paris*, *Aug. Durand et Hachette*, 1845-66, 23 vol. in-8, demi-rel. v. f. tr. jasp.

Les quatorze premiers volumes sont reliés neuf par KOEHLER. Les neuf autres volumes sont en ancienne reliure.

179. W. Schæffer. Geschichte der Rechtsverfassung Frankreichs. *Frankfurt am Mein*, 1845, 4 vol. in-8, demi-rel. v. f. n. rog.

180. Warnkœnig. Franzözische Staats-und Rechtsgeschichte. *Basel*, 1846, 3 vol. gr. in-8, demi-rel.

181. Introduction à l'étude de la procédure civile, par M. Boncenne. *Paris, Cosse et Marchal*, 1859, in-8, v. f.

182. OEuvres judiciaires du président Henrion de Pansey, avec notes et commentaires, rédigés par une société de jurisconsultes et de magistrats. *Paris*, *Cosse et N. Delamotte*, 1844, in-8, à deux col. demi-rel. v. f. (*Ottmann-Duplanil.*)

183. Traité sur l'état des personnes et sur le titre préliminaire du code civil, par M. Proudhon, édition publiée par Valette. *Dijon et Paris*, 1842-43, 2 vol. in-8, demi-rel. v. f. tr. marbr.

184. Ordonnances sur requêtes et sur référés, selon la jurisprudence du tribunal de première instance du département de la Seine, formules et observations par M. de Belleyme. *Paris*, *Cosse*, 1855, 2 vol. in-8, demi-rel. v. ant.

185. Chambre du Conseil en matière civile et disciplinaire de jurisprudence de la cour et du tribunal de Paris, par M. Bertin, introduction par M. Debelleyme. *Paris*, *Aug. Durand*, 1856, 2 vol. in-8, demi-rel. v. ant. (*Ottmann.*)

Envoi autographe de l'auteur à M. L. Pasquier.

186. Traité du Contrat de mariage et des droits respectifs des époux relativement à leurs biens, par MM. A. Rodière et P. Pont. *Paris*, *Cotillon*, 1847, 2 vol. in-8, demi-rel. v. ant. n. rog. (*Kœhler.*)

187. Textes sur la Dot, traduits et commentés par C.-A. Pellat. *Paris*, *Videcoq*, 1853, in-8, demi-rel. v. f.

188. Traité de la séparation des patrimoines, considérée spécialement à l'égard des immeubles, par M. Blondeau. *Paris*, *Videcoq*, 1840, in-8, demi-rel. veau.

189. Traité des faillites et banqueroutes, par Aug.-Ch. Renouard. *Paris*, *Guillaumin*, 2 vol. in-8, demi-rel. v. f.

190. Traité du dol et de la fraude en matière civile et commerciale, par M. Chardon. *Paris*, *Cotillon*, 1838, 3 vol. in-8, demi-rel. veau fauve, tr. marbr.

191. Traité du Droit d'usufruit, d'usage personnel et d'habitation, par M. Proudhon. *Dijon*, *Victor Lagier*, 1836, 8 vol. in-8, demi-rel. v. f. tr. marbr.

192. Mollot. Le Contrat d'apprentissage expliqué aux maîtres et aux apprentis. *Paris*, *Louis Colas*, 1847. — Des Liquidations judiciaires. *Paris*, *Cosse et Marchal*, 1858. — Abrégé des règles de la pro-

fession d'avocat. *Paris*, *Durand*, 1867. — Ens. 3 vol. in-12, br. et demi-rel. v. vert. (*Kœhler.*)

193. Traité des Contrats ou des obligations conventionnelles en général, par C. Demolombe. *Paris*, *Durand et Hachette*, 1868-69, 2 vol. in-8, br. n. c.

194. Pont (Paul). Commentaire. Traité théorique et pratique des priviléges et hypothèques mis en rapport avec la loi sur la transcription. *Paris*, *Cotillon*, 1856, 2 vol. — Des petits contrats et de la contrainte par corps. *Paris*, *Cotillon*, 1863-67. Ens. 4 vol in-8, demi-rel. v. f. tr. jasp.

195. Des Liquidations judiciaires et spécialement de celles qui intéressent les mineurs, par M. Mollot. *Paris*, 1863, in-8, demi-rel. chag. viol.

196. Code complet de l'expropriation pour cause d'utilité publique, par MM. F. Malapert et L. Protat. *Paris*, *Cotillon*, 1857, in-12, n. c.

197. Questions illustres, ou Bibliothèque des livres singuliers en droit, par Julien-Michel Dufour. *Paris*, *Tardieu-Dencole*, 1813, pet. in-8, demi-rel. dos et coins de maroq. br. la Vall. tête dor. n. rog.

198. Le Droit du seigneur au moyen âge, par L. Veuillot. *Paris*, *L. Vivès*, 1854, in-12, demi-rel. v. f.

199. Des Procez faicts au cadavre, aux cendres, à la mémoire, aux bestes brutes, choses inanimées et aux contumax, par Pierre Agrault, lieutenant criminel au siége présidial d'Angers. *A Angers*, *par Antoine Hernault*, *libr. et impr.* 1691, in-8, v. f. ant.

Exemplaire de Pixerécourt.

200. Traité de la dissolution du mariage pour cause d'impuissance, avec quelques pièces curieuses sur le même sujet (par Jean Bouhier). *A Luxembourg*, *chez Jean-Marie Vander Kragt*, 1735, pet. in-8, v. f. ant. fil; tr. dor.

201. Du Divorce considéré au XIXe siècle relativement à l'état domestique et à l'état public de société, par M. de Bonald. *Paris, Adr. Le Clère*, 1839, in-8, demi-rel. v. ant. n. rog.

202. Mémoire à consulter pour Pierre-Augustin Caron de Beaumarchais. *Paris*, 1774-75, in-4, demi-rel. v. f. à nerfs.

203. Questions de littérature légale, du plagiat, de la supposition d'auteurs, des supercheries qui ont rapport aux livres, par Ch. Nodier. *Paris, impr. de Crapelet*, 1828, in-8, demi-rel. dos et coins de maroq. rouge.

204. Histoire du droit criminel des peuples modernes, par Alb. du Boys. *Paris, Aug. Durand*, 1854-58, in-8, 2 vol. demi-rel. v. f. (*Gardien.*)

205. Répertoire général et raisonné du droit criminel, où sont méthodiquement exposées la législation, la doctrine et la jurisprudence, par Achille Morin. *Paris, A. Durand*, 1850-51, 2 vol. gr. in-8, texte à deux col., demi-rel. v. f.

206. Traité de droit pénal, par M. P. Rossi. *Paris et Genève*, 1829, 3 vol. in-8, demi-rel. dos et coins de v. fauve, tr. peign. (*Ottmann-Duplanil*).

207. Traité de l'action publique et de l'action civile en matière criminelle, par M. Mangin. *Paris, Nève*, 1837, 2 vol. in-8, v. f. tr. m.

208. Étude médico-légale sur les attentats aux mœurs, par Ambr. Tardieu. *Paris, J.-B. Baillière*, 1857, in-8, br.

209. Histoire de la vie et du procès du fameux Louis-Dominique Cartouche et de plusieurs de ses complices. *S. l.*, 1723, in-12, vél. blanc de Holl., titre calligraphié.

209 *bis*. Histoire de Louis Mandrin, depuis sa naissance jusqu'à sa mort, avec un détail de ses cruautés, de ses brigandages et de son supplice.

Amsterdam, 1752, in-12, titre rouge et noir, portr. gr., vél. blanc de Holl.

210. Procès criminel de Jehan de Poitiers, seigneur de Saint-Vallier, publié par Georges Guiffrey. *Paris*, *Lemerre*, 1867, gr. in-8, frontispice et gravure, demi-rel. dos et coins de maroq. bleu du Lev., dos à nerf et orné fil. tête dor. n. rog. *Exempl. en gr. pap. vergé* (*Petit*, *S*r *de Simier*.)

211. Cour des Pairs, assassinat de Mme la duchesse de Praslin, procédure. *Paris*, *Impr. royale*, 1847, plans. — Procès-verbal des séances relatives à cette affaire. *Paris*, *Crapelet*, 1847. — Procédure instruite à l'égard de Dlle Deluzy-Desporte, devant le tribunal de première instance de la Seine (partie manuscrite). 2 vol. in-4, demi-rel. dos et coins de maroq. rouge fil. tr. dor.

---

212. Règles de la profession d'avocat, par M. Mollot. *Paris*, *Durand*, 1866, 2 vol. in-8, demi-rel. v. ant. tr. jasp.

213. Pasquier, ou Dialogue des avocats du Parlement de Paris, par Ant. Loisel, avec la suite chronologique des plus notables avocats et des notices par M. Dupin. *Paris*, *Videcoq*, 1844, pet. in-12, demi-rel. veau br.

214. Études biographiques pour servir à l'histoire de l'ancienne magistrature française (G. du Vair), par C.-A. Sapey. *Paris, Amyot*, 1858, in-8, demi-rel. dos et coins de maroq. rouge jans. non rogn. (*Gardien*.)

215. Le Barreau de Bordeaux de 1775 à 1815, par Henri Chauvot. *Paris*, *Aug. Durand*, 1856, 1 vol. in-8, demi-rel. veau (*Gardien*.)

216. Le Barreau au XIXe siècle, par M. O. Pinard. *Paris*, *Pagnerre*, 1864-65, 2 vol. in-8, demi-rel. v. f.

217. Souvenirs de M. Berryer, doyen des avocats de Paris, de 1774 à 1838. *Paris, Ambr. Dupont*, 1839, 2 vol. in-8, demi-rel. chagr. rouge n. rog.

218. Histoire à l'audience, 1840-48, par O. Pinard. *Paris, Pagnerre*, 1848, in-8, demi-rel. v. f.

219. La Vie et les Œuvres de A.-T. Marie, avocat, par Aimé Chérest. *Paris, A. Durand et Pedone-Lauriel*, 1873, demi-rel. v. f.

220. Barreau de Paris. Notices, discours, éloges sur Guillaume du Vair, Olivier Patru, H. de Boniface, Guill. de Lamoignon, Pierre Pithou, M. Marie, Paillet, Ant. Arnauld, de Billecoq, de Belleyme, Ch. Sapey, de Bethmont, du chancelier d'Aguesseau. Ens. 14 vol. br. in-8.

c. *Droit étranger et Droit ecclésiastique.*

221. Droit anglais, ou Résumé de la législation anglaise sous la forme des codes, par Alex. Laya. *Paris*, 1845, 2 volumes in-8, demi-rel. v. ant. (*Kœhler*).

222. Histoire du droit criminel en Espagne, par Albert du Boys. *Paris, Durand et Pedone-Lauriel*, 1870, in-8, br. neuf. n. c.

Cet ouvrage forme le tome IV de l'Histoire du droit criminel des peuples modernes.

223. Institution au droit ecclésiastique, par M[e] Cl. Fleury, prêtre licencié en droit canon. *A Paris, P. Aubouin*, 1688, 2 vol. pet. in-12, v. ant.

224. Manuel de droit ecclésiastique de toutes les confessions chrétiennes, par M. Ferd. Walter, traduit de l'allemand par A. de Roquemont. *Paris, Poussielgue-Rusand*, 1840, gr. in-8, demi-rel. ch. vert myrte.

225. Exposition des principes du droit canonique, par S. E. Mgr le cardinal Gousset. *Paris, Lecoffre et Ce*, 1859, in-8, demi-rel. v. f. n. rog.

SCIENCES ET ARTS.

I. PHILOSOPHIE.

226. OEuvres de Platon, traduites par Victor Cousin. *Paris, Bossange fr. et P.-J. Rey*, 1822-40, 13 vol. in-8, demi-rel. dos et coins de maroq. rouge n. rog.

227. Gorgias, dialogue de Paton, traduit du grec et commenté par Fr. Thurot. *Paris, Hachette*, 1840, in-8, demi-rel. v. f. tr. jasp. (*Ottmann.*)

228. Apologie de Socrate, d'après Platon et Xénophon, avec des remarques sur le texte grec et la traduction française, par Fr. Thurot. *Paris, Firm. Didot*, 1806, in-8, demi-rel. v. f. tr. jasp. (*Ottmann.*)

229. La Vie et les Écrits de Platon, par Ed. Chaignet. *Paris, Didier*, 1872, in-12, br. n. c.

230. Psychologie d'Aristote, Traité de l'âme, traduit par J. Barthélemy Saint-Hilaire. *Paris, Ladrange*, 1846, demi-rel. dos et coins de maroq. rouge, tête jasp. n. rog. (*Kœhler.*)

231. Logique d'Aristote, traduite en français par J. Barthélemy Saint-Hilaire. *Paris, Ladrange*, 1844, 4 vol. — Politique d'Aristote, traduite en français par J. Barthélemy Saint-Hilaire. *Paris, Impr. royale*, 1837, 2 vol. Ens. 6 vol. in-8, demi-rel. dos et coins de maroq. rouge, tête jasp. non rog. (*Kœhler.*)

232. Recherches critiques sur l'âge et l'origine des traductions latines d'Aristote, par Amable Jourdain. *Paris, Joubert*, 1843, in-8, demi-rel. v. f. (*Ottmann.*)

233. Apollonius de Tyane. Sa vie, ses voyages, ses prodiges, par Philostrate, et ses lettres; ouvrage traduit du grec, avec introduction et notes, par A. Chassang. *Paris*, *Didier*, 1862, in-8, demi-rel. v. f. à nerfs, tr. peig.

234. Les Caractères de Théophraste, d'après un manuscrit du Vatican, traduction nouvelle avec le texte grec, par Coray. *Paris, l'an VII* (1799), in-8, demi-rel. dos et coins de mar. vert myrte, jans. tr. jasp. (*Ottmann.*)

235. Plutarchi Moralia, gr. et lat., ed. Wyttembach. *Oxonii*, 1795, 5 vol. gr. in-4, demi-rel. n. rogn.

Exemplaire de Courbonne.

236. OEuvres morales de Plutarque, traduites du grec par Ricard. *Paris*, *Didier*, 1844, 5 vol. in-12, demi-rel. v. f. à nerfs.

237. Traité de Plutarque, de la Manière de distinguer un ami d'un flatteur, trad. par La Porte du Theil. *Paris*, 1772, in-8, v. ant.

Notes manuscrites de Brunck.

238. Plutarchi Apophtegmata regum et imperatorum, cura Maittaire. *Londini*, 1741, in-4, v. f. fil.

239. Cicéron, des Devoirs, traduction nouvelle par J.-L. Burnouf. *Paris*, 1845, pet. in-8, demi-rel. dos et coins de chagr. r. n. rog.

240. De la Vieillesse et de l'Amitié, traités de Cicéron, traduits par M. Plongoulm. *Paris, Benj. Duprat*, 1841, in-12, pap. fort, demi-rel. dos et coins de maroq. vert, n. rog.

241. Les OEuvres de Sénèque le philosophe, traduites en français par M. La Grange. *Paris, chez les frères de Bure*, 1778, 6 vol. — Essai sur la vie de Sénèque le philosophe, sur ses écrits et sur les règnes de Claude et de Néron, par M. Diderot. *Paris*, *chez les frères de Bure*, 1779, 1 vol., ens.

7 vol. in-12, demi-rel. dos et coins de v. ant. tr. rouges. (*Ottmann.*)

242. Saint Paul et Sénèque. Recherches sur les rapports du philosophe avec l'apôtre et sur l'infiltration du christianisme naissant à travers le paganisme, par Amédée Fleury. *Paris, Ladrange*, 1853, 2 vol. in-8, demi-rel. v. f. n. rog.

243. Étude critique sur les rapports supposés entre Sénèque et saint Paul, par Ch. Aubertin. *Paris*, 1857, in-8, demi-rel. v. f. n. rog.

244. Essai sur l'histoire de l'Esprit humain dans l'antiquité, par M. Rio. *Paris*, *Alex. Mesnier*, 1829-30, 2 vol. in-8, demi-rel. v. f. tr. jasp.

245. Du Stoïcisme et du Christianisme, considérés dans leurs rapports, leurs différences et l'influence respective qu'ils ont exercée sur les mœurs, par l'abbé Dourif. *Paris, s. d.*, in-8, demi-rel. v. f.

246. Histoire des théories et des idées morales dans l'antiquité, par J. Denis. *Paris*, *Aug. Durand*, 1856, 2 vol. in-8, demi-rel. v. f. (*Kœhler*).

247. Histoire de la Philosophie morale et politique dans l'antiquité et les temps modernes, par P. Janet. *Paris*, *Ladrange*, 1858, 2 vol. in-8, demi-rel. v. f. tr. jasp. (*A Pajard.*)

248. La Philosophie de saint Thomas d'Aquin, par Ch. Jourdan. *Paris*, *L. Hachette*, 1858, 2 vol. in-8, v. f. n. rog. (*Gardien*).

249. Baconis Opera. *Amstel.*, 1685, 6 vol. pet. in-12, v. f. (*Anc. rel.*)

250. OEuvres de Bacon, publiées par M. F. Riaux. *Paris, Charpentier*, 1843, 2 vol. in-12, demi-rel. v. ant. (*Kœhler.*)

251. J. Bodin et son temps, tableau des théories politiques et des idées économiques au XVIe siècle, par M. Baudrillart. *Paris, Guillaumin*, 1853, in-8, demi-rel. v. f. n. rog.

252. Les Charactères des passions, par le sieur de la Chambre, médecin de Mgr le chancelier. *A Amsterdam, chez Antoine Michel* (*à la Sphère*), 1658-63, 5 tomes rel. en 4 völ. pet. in-12, front. gr. vélin.

Hauteur : 131 millimètres.

253. OEuvres de Spinoza, traduites par Em. Saisset. *Paris, Charpentier*, 1842, 2 vol. in-12, demi-rel. v. ant. (*Kœhler.*)

254. OEuvres de Leibniz, édition publiée par A. Jacques. *Paris, Charpentier*, 1842-46, 2 vol. in-12, demi-rel. v. ant. (*Kœhler.*)

255. Pensées de Leibniz, sur la religion et la morale, par M. Emery. *Tours, Alfr. Mame*, 1870, br. n. c.

256. OEuvres de Descartes, publiées par M. Jules Simon. *Paris, Charpentier*, 1842, in-12, demi-rel. v. ant. (*Kœhler.*)

257. Méditations métaphysiques, par Descartes. *Paris, Aug. Renouard*, 1825, in-12, demi-rel. dos et coins de maroq. rouge, jans. dos à nerfs, tête dor. n. r.

Exemplaire en grand papier.

258. Discours de la Méthode pour bien conduire sa raison et chercher la vérité dans les sciences, par Descartes. *Paris, Aug. Renouard*, 1824, in-16, portr. gr. demi-rel. dos et coins de maroq. rouge, n. rog. (*Kœhler.*)

259. Essai sur la Philosophie de Bossuet, avec des fragments inédits, par Fél. Nourrisson. *Paris, Ladrange*, 1852, in-8, demi-rel. v. f. n. r. (*Ottmann.*)

260. Doctrine philosophique de Bossuet sur la connaissance de Dieu, par Adr. Delondres. *Paris, Aug. Durand*, 1855, gr. in-8, demi-rel. v. f.

261. De l'Usage et de l'abus de l'esprit philosophique durant le XVIIIe siècle, par J.-E.-M. Portalis. *Paris, Egron, impr.*, 1820, 2 vol. in-8, demi-rel. v. ant. tr. marb.

262. Mémoires pour servir à l'histoire de la philosophie au XVIIIe siècle, par Ph. Damiron. *Paris, Ladrange*, 1858, 2 vol. in-8, demi-rel. v. f. n. rog. (*Gardien.*)

263. Introduction à la Connaissance de l'esprit humain, suivie de réflexions et de maximes (par M. de Vauvenargues, officier au régiment du roi). *Paris, chez Ant.-Cl. Briasson*, 1746, in-12, v. ant. (*Armoiries.*)

264. Étude sur Malebranche, par l'abbé E.-A. Blampignon. *Paris, Douniol*, 1861, in-8, demi-rel. v. f.

265. OEuvres philosophiques du Père André, de la compagnie de Jésus, par Victor Cousin. *Paris, Charpentier*, 1843, in-12, demi-rel. v. f.

266. Traités de l'existence et des attributs de Dieu, des devoirs de la religion naturelle et de la vérité de la religion chrétienne, par M. Clarke, docteur en théol., traduits de l'anglois par M. Ricotier. *Amsterdam*, 1727-28, 3 vol. in-12, v. f. fil. tr. dor. (*Rel. anc.*)

267. Philosophie de Voltaire, par Ern. Bersot. — Leçons de philosophie morale, par P. Janet. — L'Amitié. *Paris*, 1846-56-72, 3 vol. in-12, br.

268. Esquisse d'un tableau historique des progrès de l'esprit humain, ouvrage posthume de Condorcet. *Paris, l'an III de la République*, in-8, demi-rel. v. ant.

269. OEuvres inédites de Maine de Biran, publiées par Em. Naville. *Paris, Dezobry et Cie*, 1859, 3 vol. in-8, demi-rel. v. f. tête dor. n. rog.

270. Histoire critique des doctrines religieuses de la philosophie moderne, par Christian Barthol-

mess. *Paris, Ch. Meyrueis*, 1855, 2 vol. in-8, demi-rel. v. f. tr. jasp. (*Gardien.*)

271. Essai sur l'histoire de la philosophie en France au XIXe siècle, par Ph. Damiron. *Paris, Schubart et Heideloff*, 1828, 2 vol. in-8, demi-rel. v. ant. tr. marbr.

272. De la Peine de mort en matière politique, par F. Guizot. *Paris, Béchet*, 1822, in-8, demi-rel. maroq. vert myrte jans. à nerfs, tr. peig.

273. Méditations et Études morales, par M. Guizot. *Paris, Didier*, 1852, in-8, demi-rel. v. f. à nerfs, n. rogné.

274. Du Beau dans les arts d'imitation, par M. Kératry. *Paris, Audot*, 1822, 2 vol. in-12, fig. dem.-rel. v. f. (*Ottmann-Duplanil.*)

275. De la Philosophie morale, ou des différents systèmes sur la science de la vie, par J. Droz. *Paris, Aug. Renouard*, 1824, in-18, dos et coins de maroq. rouge, n. rog. (*Kœhler.*)

276. Essai sur l'Art d'être heureux, par J. Droz. *Paris, Aug. Renouard*, 1825, in-18, demi-rel. dos et coins de mar. rouge, n. rog. (*Kœhler.*)

277. Paroles d'un Croyant, 1833. *Paris. Eug. Renduel*, 1834, in-8, demi-rel. v. f. à nerfs n. rog.

278. Mélanges philosophiques, par Théodore Jouffroy. *Paris, Paulin*, 1833, in-8, demi-rel. v. ant. tr. marbr.

279. Idée sur la Philosophie de l'histoire de l'humanité, par Herder, ouvrage traduit de l'allemand et précédé d'une introduction par Edgar Quinet. *Paris, Levrault*, 1834, 3 vol. in-8, demi-rel. v. f. tr. peig. (*Ottmann.*)

280. L'Esprit humain et ses facultés, par M. L. Bautain. *Paris, Didier et Cie*, 1859, 2 vol. in-12, veau ant.

281. Philosophie du Christianisme, correspondance religieuse de L. Bautain, publiée par l'abbé de Bonnechose. *Paris et Strasbourg*, 1835, 2 vol. in-8, demi-rel. maroq. rouge, jans. tr. peig. (*Gardien.*)

282. Le Christianisme considéré dans ses rapports avec la civilisation moderne, par l'abbé de Sénac. *Paris, Ch. Gosselin*, 1837, 2 vol. in-8, demi-rel. v. f. tr. jas.

283. Études sur les réformateurs contemporains ou socialistes modernes, par Louis Reybaud. *Paris, Guillaumin*, 1840, in-8, demi-rel. v. f. tr. jasp. (*Kœhler.*)

284. Nouveaux Mélanges philosophiques, par Théodore Jouffroy. publiés par Ch. Damiron. *Paris*, Joubert, 1842, in-8, demi-rel. v. f. (*Kœhler.*)

285. Études sur les réformateurs ou les socialistes modernes, par Louis Reybaud. *Paris, Guillaumin*, 1843, in-8, demi-rel. v. f. (*Kœhler.*)

286. Victor Cousin. Cours de l'histoire de la philosophie moderne. *Paris, Ladrange et Didier*, 1846-47, 8 vol. — Fragments philosophiques. *Paris, Ladrange et Didier*, 1847, 4 vol. — Littérature. *Paris, Pagnerre*, 1849, 3 vol. Ens. 15 vol. in-12, demi-rel. v. f. n. rog. (*Kœhler.*)

287. Du Vrai, du Beau et du Bien, par Victor Cousin. *Paris, Didier*, 1853, in-8, demi-rel. dos et coins de maroq. rouge, n. rog. (*Ottmann.*)

288. Du Vrai, du Beau et du Bien, par V. Cousin. *Paris, Didier et* Cie, 1867, in-12, demi-rel. v. f. tr. jasp.

289. Essai sur le Panthéisme dans les sociétés modernes, par C. Maret. *Paris*, 1845, in-8, demi-rel. v. ant. n. rog. (*Gardien.*)

290. Histoire du Communisme, ou réfutation historique des utopies socialistes, par Alfr. Sudre.

Paris, V. Lecou, 1849, in-12, demi-rel. v. ant. (*Kœhler.*)

291. Les Libres Penseurs, par Louis Veuillot. *Paris, J. Lecoffre,* 1850, in-12, demi-rel. v. f.

292. Pensées, Essais, Maximes et Correspondance de J. Joubert, recueillis et mis en ordre par Paul Raynal. *Paris, veuve Lenormant,* 1850, 2 vol. in-8, demi-rel. dos et coins de maroq. rouge, n. rog.

293. De la Connaissance de Dieu, par A. Gratry. *Paris, Ch. Douniol et Lecoffre,* 1853, 2 vol. in-8, demi-rel. mar. rouge, jans. n. rog. (*Ottmann.*)

294. De la Connaissance de Dieu, par A. Gratry. *Paris, Douniol et Lecoffre,* 1857, 2 vol. in-8, demi-rel. maroq. rouge, jans. à nerfs, n. rog. (*Gardien.*)

295. Essai sur la Providence, par Ern. Bersot. *Paris, Durand,* 1853. — Catéchisme philosophique, par l'abbé Sagnier. *Paris,* 1864. — Catéchisme philosophique, par l'abbé Martin de Noirlieu. *Paris,* 1860. Ens. 3 vol. in-12, demi-rel. v.

296. Étude de l'Homme, par N.-V. de Latena. *Paris, Garnier fr.,* 1854, in-8, demi-rel. dos et coins de maroq. rouge, n. rog. (*Ottmann.*)

297. De la Valeur de la raison humaine, ou ce que peut la raison par elle seule, par le P. Chastel, S. J. *Paris, Leroux et Jouby,* 1854, in-8, demi-rel. v. f. fil. n. rogné.

298. Le Devoir, par Jules Simon. *Paris, L. Hachette,* 1854, in-8, demi-rel. dos et coins de maroq. rouge à nerfs, tête jasp. n. rog. (*Ottmann.*)

299. Art d'arriver au vrai, philosophie pratique, par J. Balmès, traduit de l'espagnol par Ed. Mance. *Paris, Aug. Vaton,* 1855, in-12, demi-rel. v. f. (*A. Pajard.*)

300. La Religion naturelle, par Jules Simon. *Paris, Hachette,* 1856, in-8, demi-rel. dos et coins de maroq. rouge, n. rog. (*Ottmann.*)

301. La Destinée de l'homme, par L. Moreau. *Paris, Gaume*, 1857. — La Destinée humaine, par de Tenseau. *Paris*, 1863. — Etudes morales sur le temps présent, par E. Caro. *Paris*, *Hachette*, 1856, ens. 3 vol. in-12, br. et rel.

302. La Vie future suivant la foi et suivant la raison, par Th.-Henri Martin. *Paris,* 1858, demi-rel. dos et coins de v. f. fil. (*Gardien.*)

303. Fragments sur l'art et la philosophie, suivis de notes et pensées diverses recueillis dans les papiers de Alfred Tonnellé, publiés par G.-A. Heinrich. *Paris,* 1860, in-8, demi-rel. v. f. tr. jasp.

304. La Conscience, ou la Règle des actions humaines, par L. Bautain. *Paris*, *Didier*, 1861, in-8, demi-rel. v. ant. tr. jasp.

305. La Science du beau, étudiée dans ses principes, dans ses applications et dans son histoire, par Ch. Lévêque. *Paris, Aug. Durand,* 1861, 2 vol. in-8, demi-rel. v. ant. n. rog.

306. Philosophie du bonheur, par Paul Janet. *Paris, Mich. Lévy fr.,* 1863, gr. in-8, demi-rel. v. f. à nerfs, fleurons, n. rog.

307. L'Idée de Dieu et ses nouveaux critiques, par E. Caro. *Paris, L. Hachette et Cie*, 1864, gr. in-8, demi-rel. dos et coins de v. f., tête dor. ébarbé.

308. L'Immortalité, la Vie et la Mort, étude sur la destinée de l'homme, par Baguenault de Puchesse. *Paris, Didier*, 1864, in-8, demi-rel. v. f. n. rog.

309. De la Croyance à l'Évangile, par H. Wallon. *Paris, Adr. Le Clère,* 1866, in-8, demi-rel. dos et

coins de maroq. rouge foncé à nerfs jans. tr. peig. (*Petit*, *succ. de Simier.*)

310. Caro (E.). Études morales sur le temps présent. — Nouvelles Etudes morales. *Paris*, *Hachette*, 1869, 2 vol. in-12, br. n. c.

311. Le Monde et l'Homme primitif selon la Bible, par Mgr Meignan. *Paris*, *V. Palmé*, 1869, in-8, br. n. c.

2. MORALISTES.

312. Nouvelle Collection des Moralistes anciens, publiée sous la direction de Lefèvre. *Paris*, *Vict. Lecou*, 1850-51, 17 vol. in-16, jol. demi-rel. dos et coins de v. f., dos orné, tête dor. n. rogn. (*Petit*, *succ. de Simier.*)

313. Morale d'Aristote, traduite par J. Barthélemy Saint-Hilaire. *Paris*, *A. Durand*, 1856, 3 vol. gr. in-8, demi-rel. dos et coins de maroq. rouge (*Kœhler.*)

314. La Morale et la Politique d'Aristote, traduit du grec par M. Thurot. *Paris*, *Firm. Didot*, 1824, 2 vol. in-8, portrait, demi-rel. v. f. n. rog. tr. jasp. (*Ottmann.*)

315. Epicteti Manuale, gr. et lat., cura Relandi. *Traj. Bat.*, 1711, in-4, v. ant. fil.

316. Discours philosophiques d'Épictète, recueillis par Arrien et traduits du grec en français par A.-P. Thurot. *Paris*, *Impr. royale*, 1838, in-8, demi-rel. dos et coins de v. f. à nerfs, tr. marbr. (*Bauzonnet.*)

317. La Consolation philosophique de Boëce, traduction nouvelle en prose et en vers avec le texte en regard, par Louis Judicis de Mirandol. *Paris*, *L. Hachette*, 1851, in-8, demi-rel. v. f. tête jasp. n. rogn.

318. Les Moralistes sous l'Empire romain, philosophes et poëtes, par C. Martha. *Paris, L. Hachette,* 1865, in-8, demi-rel. v. f.

319. Moralistes des seizième et dix-septième siècles, par A. Vinet. *Paris,* 1859, in-8, demi-rel. dos et coins de veau, tr. peig. (*Petit, succ. de Simier.*)

320. Les Moralistes français du XVIe siècle, par Albert Desjardins. *Paris, Didier,* 1870, in-8, br. neuf, n. c.

321. Étienne de la Boëtie, ami de Montaigne, étude sur sa vie et ses ouvrages, par Léon Feugère. *Paris, Jules Labitte,* 1845, in-8, demi-rel. dos et coins de mar. rouge à nerfs, n. rog. (*Kœhler.*)

322. Les Caractères de Théophraste, traduits du grec, avec les Caractères ou les mœurs de ce siècle, par la Bruyère, édition publiée par le baron Walckenaer. *Paris, Firmin Didot fr.,* 1845, in-8, demi-rel. dos et coins de maroq. bleu fil. non rogn. (*Ottmann.*)

323. Les Caractères de Théophraste, traduits du grec, avec les Caractères ou les mœurs du siècle, par la Bruyère; nouvelle édition, publiée par Adr. Destailleur. *Paris, P. Jannet,* 1854, 2 vol. in-12, demi-rel. dos et coins de v. f., tête dor. n. rog. (*Petit, succ. de Simier.*)

324. Les Caractères ou les Mœurs de ce siècle, précédés des Caractères de Théophraste, traduits du grec par la Bruyère, avec notices et notes par Ch. Asselineau. *Paris, Alph. Lemerre,* 1871, 2 vol. in-8, portrait, demi-rel. dos et coins de v. f. fil. dos à nerfs, fleurons, tête dor. non rog. (*Petit, succ. de Simier.*)

325. OEuvres de Vauvenargues, édition nouvelle, précédée de l'éloge de Vauvenargues, par L. Gilbert. *Paris, Furne,* 1857, 2 vol. in-8, portr. demi-rel. dos et coins de mar. rouge, n. rog.

326. Considérations sur les mœurs de ce siècle, par Duclos, *Paris*, 1823, in-8, demi-rel. v. ant.

327. Considérations sur l'esprit et les mœurs (par Sénac de Meilhan). *A Londres*, 1787, in-8, demi-rel. v. f. (*Ottmann-Duplanil*).

3. ÉCONOMIE POLITIQUE ET SOCIALE. ÉDUCATION.

328. Histoire de l'économie politique, par M. le vicomte Alban de Villeneuve-Bargemont. *Paris, Guillaumin*, 1841, 2 vol. in-8, demi-rel. v. f.

329. Histoire de l'économie politique en Europe, depuis les anciens jusqu'à nos jours, par M. Blanqui aîné. *Paris, Guillaumin*, 1842, 2 vol. in-8, demi-rel. v. vert.

330. Dictionnaire de l'économie politique, publié sous la direction de MM. Ch. Coquelin et Guillaumin. *Paris*, 1852-53, 2 gr. vol. in-8, demi-rel. veau ant. n. rog.

331. Cours d'économie politique, par M. P. Rossi. *Paris*, 1843-51, 3 vol. in-8, demi-rel. v. vert. (*Kœhler.*)

332. Cours d'économie politique, fait au Collége de France, par Michel Chevalier. *Paris, Capelle*, 1850, in-8, demi-rel. v. ant.

Troisième volume concernant la monnaie.

333. OEuvres de G. Filangieri, traduites de l'italien; nouvelle édition, accompagnée d'un commentaire par M. Benjamin Constant. *Paris*, *Dufart*, 1822, 6 vol. in-8, demi.-rel. v. f.

334. Économie politique chrétienne, ou Recherches sur la nature et les causes du paupérisme en France et en Europe, par M. le vicomte Alban de Villeneuve-Bargemont. *Paris*, *Paulin*, 1834, 3 vol. in-8, demi-rel. v. f.

335. Des Formes de gouvernement et des lois qui les régissent, par M. H. Passy. *Paris, Guillaumin*, 1870, in-8, br. neuf, n. c.

336. La République de Cicéron, d'après le texte inédit récemment découvert et commenté par M. Mai, avec une traduction française par M. Villemain. *Paris, Michaud*, 1823, 2 vol. in-8, front. gr. demi-rel. dos et coins de mar. rouge, n. rog.

337. Les Soirées de Saint-Pétersbourg, par le comte J. de Maistre. *Lyon, Pélagaud*, 1845, 2 vol. in-8, demi-rel. v. ant. tr. jasp.

338. Les Francs-Maçons et les Sociétés secrètes, par Alex. de Saint-Albin. *Paris, F. Wattelier et Cie*, 1867, in-8, br. neuf, n. c.

339. L'Économie sociale au point de vue chrétien, par l'abbé Corbière. *Paris, A. Jouby*, 1863, 2 vol. in-8, demi-rel. dos et coins de v. f. gris, tr. peig. (*Petit, succ. de Simier.*)

340. La Réforme sociale en France, par M. F. Le Play. *Paris, Plon*, 1864, 2 vol. in-8, demi-rel. v. f. tr. jasp.

341. Histoire des Classes agricoles en France, par C. Dareste de la Chavanne. *Paris, Guillaumin et Cie*, 1858, in-8, demi-rel. v. f.

342. Histoire des classes ouvrières en France, depuis la conquête de Jules César jusqu'à la Révolution, par E. Levasseur. *Paris, Guillaumin*, 1859, 2 vol. in-8, demi-rel. v. f., n. rog.

343. Histoire des Classes ouvrières en France, depuis 1789 jusqu'à nos jours, par E. Levasseur. *Paris, L. Hachette*, 1867, 2 vol. in-8, demi-rel. v. f. n. rog.

344. Histoire de l'Instruction publique en Europe et principalement en France, depuis le Christianisme jusqu'à nos jours, par Vallet de Viriville; illustrations archéologiques exécutées sous la di-

rection de Ferdinand Séré. *Paris*, 1849, in-4, demi-rel. dos et coins de maroq. rouge, n. rog. (*Kœhler.*)

345. Du Perfectionnement moral, ou de l'Éducation de soi-même, par M. Degérando. *Paris*, *Aug. Renouard*, 1824, 2 vol. in-8, demi-rel. v. f. non rogné.

346. L'Éducation progressive, ou Étude du cours de la vie, par Mme Necker de Saussure. *Paris, Paulin*, 1836, in-8, demi-rel. dos et coins de v. f. fil, tr. peign.

347. Du Pouvoir de l'État sur l'Enseignement, d'après l'ancien droit public français, publ. par M. Troplong. *Paris*, 1844, in-8, demi-rel. dos et coins de mar. bl. foncé.

348. De l'Éducation, par Mgr Dupanloup. *Orléans et Paris*, 1850-62, 3 vol. in-8, demi-rel. dos et coins de v. f. fil. tr. jasp.

349. De la Haute Éducation intellectuelle, par Mgr Dupanloup. *Orléans et Paris,* 1857-66, 3 vol. in-8, dos et coins de v. f. fil, tr. jasp.

350. L'Hellénisme en France, leçons sur l'influence des études grecques, par E. Egger. *Paris*, *Didier et Cie*, 1869, 2 vol. in-8, demi-rel. v. f. n. rog.

351. Du Rôle de la famille dans l'éducation, ou théorie de l'éducation publique et privée, par Th.-H. Barreau. *Paris, Hachette*, 1857, in-8, demi-rel. v. f. n. rog.

352. Traité de l'Éducation des filles et dialogues sur l'éloquence par Fénelon, par M. Silvestre de Sacy. *Paris*, *L. Techener*, 1869, in-12, demi-rel. dos et coins de v. f. fil. tête dor. n. rog. (*Petit, successeur de Simier.*)

353. Le Livre du chevalier de la Tour-Landry, pour l'enseignement des filles, publié par M. Anat. de Montaiglon. *Paris*, *P. Janet*, 1854, in-12, demi-rel. dos et coins de v. f. tête dor. n. rog.

354. De la Richesse dans les sociétés chrétiennes, par Ch. Périn. *Paris, Lecoffre et Guillaumin,* 1861, 2 vol. in-8, demi-rel. veau f. brun, tr. peig. (*Petit, successeur de Simier.*)

355. Système financier de la France, par M. le marquis d'Audiffret. *Paris, Guillaumin,* 1854, 5 vol. in-8, demi-rel. chag. vert myrte, tr. jasp.

356. Bourses de commerce, agents de change et courtiers, par Mollot. *Paris, Cotillon,* 1853, in-8, demi-rel. dos et coins de v. f. fil. non rog. (*Ottmann.*)

4. MÉDECINE. HISTOIRE NATURELLE. ARTS DIVERS.

357. Exposition et histoire des principales découvertes scientifiques modernes, par Louis Figuier. *Paris, Victor Masson,* 1854-57, 4 vol. in-12, demi-rel. v. f. n. rog. (*Kœhler.*)

358. Histoire du merveilleux dans les temps modernes, par L. Figuier. *Paris, L. Hachette et Cie*, 1860, 4 vol. in-12, demi-rel. v. f. (*A. Pajard.*)

359. Recueil des Éloges historiques lus dans les séances publiques de l'Académie des sciences, par P. Flourens. *Paris, Garnier fr.*, 1856-57, 2 vol. in-12, demi-rel. v. f. n. rog.

360. Notices biographiques, par François Arago, publiées par J.-A. Barral. *Paris et Leipzig,* 1854-55, 3 vol. in-8, demi-rel. dos et coins de v. f. n. rog. (*Ottmann.*)

361. Flourens (P.). Analyse raisonnée des travaux de Georges Cuvier. — Buffon. Histoire de ses travaux et de ses idées. *Paris, Paulin,* 1841-44, 3 vol. in-12, demi-rel. v. ant. tr. jasp. (*Kœhler.*)

362. Recueil des Éloges historiques lus dans les séances publiques de l'Institut royal de France, par M. le chevalier Cuvier. *Strasbourg,* 1819-27, 3 vol. in-8, demi-rel. v. f. (*Kœhler.*)

363. Entretiens sur la pluralité des mondes, par Fontenelle. *Dijon*, *an II*me, in-12, portrait demi-rel. dos et coins de maroq. rouge du lev. à nerfs, fil. tête dor. n. r. (*Petit*, *successeur de Simier.*)

Exemplaire en grand papier.

364. Plinii Historia naturalis. *Lugd. Bat.*, *ex off. Elzeviriana*, 1635, 3 vol. in-12, vélin.

365. Histoire naturelle des animaux, par Pline, traduction nouvelle avec le texte en regard, par P.-C.-B. Guéroult. *A Paris*, *an XI* (1802), 3 vol. in-8, v. f. fil. tr. marb.

366. Du Commandement de la cavalerie et de l'équitation, deux livres de Xénophon, traduits par un officier d'artillerie à cheval (Paul-Louis Courier.) *Paris, s. d.*, in-8, br.

367. Œuvres choisies d'Hippocrate, par le docteur Ch. Daremberg. *Paris*, *Labé*, 1855, in-8, demi-rel. dos et coins de maroq. vert myrte à nerfs, jans. n. rog. (*Ottmann.*)

368. Les Médecins au temps de Molière, mœurs, institutions, doctrines, par Maurice Raunaud. *Paris, Didier*, 1862, in-8, demi-rel. v. f. tête jasp. n. rog.

369. Traité des Eunuques, dans lequel on examine principalement s'ils sont propres au mariage, et s'il leur doit être permis de se marier, par M. D** (par Ancillon). *S. l.* (*A la Sphère*, *l'an* 1707), pet. in-8, rel. sur br. dem. v. f.

Bel exemplaire provenant de la bibliothèque du comte de la Bédoyère.

370. Traité pratique des maladies des voies urinaires et des organes générateurs de l'homme et de la femme, par le docteur Jozan. *Paris*, 1858, 314 fig. — Hygiène des gens du monde, par Al. Donné. *Paris*, 1870. Ens. 2 vol. in-12, br.

371. Les Classiques de la table, Brillat-Savarin, Grimod de la Reynière, marquis de Cussy, Berchoux,

Colnet, etc., par Justin Améra. *Paris, Firm. Didot, fr.*, 1855, 2 vol. in-12, demi-rel. chagr. vert, tête dor. n. rog.

372. Histoire de la Table. Curiosités gastronomiques, par L. Nicolardot. *Paris, Dentu*, 1868, in-12, br. n. c.

373. Manuel des Amphitryons, contenant un traité de la dissection des viandes à table, la nomenclature des menus les plus nouveaux pour chaque saison, et des éléments de politesse gourmande, par l'auteur de l'Almanach des gourmands. *Paris, Capelle et Reinand*, 1808, in-8, nombr. fig.; demi-rel. v. f. tr. peig.

374. Le Gastronome français, ou l'Art de bien vivre, par les anciens auteurs du Journal des Gourmands, ouvrage mis en ordre par M. C***. *Paris, Ch. Béchet*, 1828, in-8, front. gr. tr. peig.

375. Les Cartes à jouer et la Cartomancie, par P. Boiteau d'Ambly, ouvrage illustré de 40 bois. *Paris, L. Hachette*, 1854, in-12, demi-rel. dos et coins de maroq. rouge, fil. tête dor. n. rog.

BEAUX-ARTS.

LIVRES A FIGURES.

376. Manuel de l'histoire de l'art chez les anciens, par le comte de Clarac. *Paris, Jules Renouard*, 1847-49, 3 vol. in-12, demi-rel. v. ant. tr. jasp.

377. Histoire de l'art grec avant Périclès , par M. Beulé. *Paris*, *Didier*, 1868, in-8, br. neuf, n. c.

378. Études sur les beaux-arts, essais d'archéologie et fragments littéraires, par L. Vitet. *Paris*, *Charpentier*, 1847, 2 vol. in-12, demi-rel. v. f. (*Ottmann-Duplanil.*)

379. L'Académie royale de peinture et de sculpture, étude historique, par L. Vitet. *Paris*, *Mich. Lévy*, 1861, in-8, demi-rel. chagr. rouge.

380. De l'Art chrétien, par A.-F. Rio. *Paris*, *L. Hachette et Cie*, 1861-67, 4 vol. in-8, demi-rel. v. f. (*Ebarbés.*)

381. Iconographie chrétienne, ou Étude de sculptures, peintures, etc., qu'on rencontre sur les monuments religieux du moyen âge, par l'abbé Crosnier. *Paris*, 1848, in-8, fig. dans le texte, demi-rel. dos et coins de mar. viol. fil, tête dorée, non rogné.

382. Vies des peintres, sculpteurs et architectes, par Giorgio Vasari, traduites par Léopold Leclanché, et commentées par Jeanron et Léop. Leclanché. *Paris, Just Tessier,* 1841-42, 10 tomes en 5 vol. gr. in-8, 121 portr. dess. par Jeanron et gr. sur ac. par Wacquez et Bouquet, demi-rel. dos et coins de mar. rouge, fil. tête jasp. non rognés.

383. Fusslins. Geschichte der besten Künstler in der Schweitz. *Zurich,* 1769, 5 vol. in-8, demi-rel. v. f.

384. Portraits d'artistes, peintres et sculpteurs, par Gustave Planche. *Paris*, *Mich. Lévy fr.*, 1853, 2 vol. in-12, v. f. n. rog. (*Gardien.*)

385. Histoire des peintres de toutes les écoles, depuis la Renaissance jusqu'à nos jours, accompagnée du portrait des peintres, de la reproduction de leurs plus beaux tableaux, etc., publiée sous la di-

rection et avec les notes de MM. Armengaud et O'Reilly. *Paris, J. Renouard et H. Loones, successeur*, 582 livraisons in-4, en feuilles.

386. Manuel de l'histoire de la peinture, écoles allemande, flamande et hollandaise, par G.-F. Waagen, trad. par MM. Hymans et J. Petit, avec un grand nombre d'illustrations. *Paris*, *Morel*, 1863, 3 vol. in-8, demi-rel. dos et coins de v. f. fil; tête dor. n. rog.

387. Histoire de la peinture en Italie, depuis la renaissance des beaux-arts jusque vers la fin du XVIIIe siècle, par l'abbé Lanzi, traduite de l'italien par Mme Armande Dieudé. *Paris*, *H. Seguin et Dufort*, 1824, 5 vol in-8, demi-rel. v. ant.

388. Musée religieux, ou Choix des plus beaux tableaux inspirés par l'histoire sainte aux peintres les plus célèbres, gravés à l'eau-forte sur acier par Reveil, recueillis, mis en ordre et accompagnés de notices historiques par un ecclésiastique du clergé de Paris. *Paris, Hivert*, 1836, 4 vol. in-12, demi-rel. chagr. rouge n. rog. (*Kœhler.*)

389. Notice sur un tableau attribué à Jean van Eyck, dit Jean de Bruges, qui se voit dans la principale salle de la Cour royale de Paris, par A. Taillandier. *Paris*, 1844 in-8 de 31 pages, figure, demi-rel. maroq. rouge, tr. peig.

390. Histoire de la vie et des ouvrages de Michel-Ange Buonarroti, par M. Quatremère de Quincy. *Paris, Firm. Didot fr.*, 1835, gr. in-8, portr. sur chine, fac-simile, demi-rel. dos et coins de maroq. rouge à nerfs, jans. tête dor. n. rog. exempl. en gr. pap.

391. Histoire de la vie et des ouvrages de Raphaël, ornée d'un portrait, par Quatremère de Quincy. *Paris*, 1833, in-8, pap. vergé, demi-rel. dos et coins de maroq. rouge, n. rog. (*Kœhler.*)

392. Essai sur les Fresques de Raphaël au Vatican, par A. Gruyer. *Paris, Gide*, 1858, *et J. Renouard*, 1859, 2 vol. in-8, demi-rel dos et coins de maroq. rouge à nerfs, tête jasp. n. rog. (*A. Pajard.*)

393. Les Vierges de Raphaël, gravées par les premiers artistes français. *Paris, Furne et Perrotin, s. d.*, 12 gravures sur chine avec texte in-fol. dans un carton.

394. Léopold Robert, sa vie, ses œuvres et sa correspondance, par Feuillet de Conches. *Paris*, 1848. — Histoire de la peinture au moyen âge, par Eméric David. *Paris, Charpentier*, 1852. Ens. 2 vol. in-12, demi-rel. v.

395. Histoire de la Caricature et du grotesque dans la littérature et dans l'art, par Thomas Wright, traduction par Octave Pichot; édition illustrée de 238 gravures intercalées dans le texte. *Paris*, 1867, gr. in-8, demi-rel. dos et coins de maroq. rouge à nerfs, tête dor. n. rog.

396. Voyage d'un Iconophile, revue des principaux cabinets d'estampes, bibliothèques et musées d'Allemagne, de Hollande et d'Angleterre, par Duchesne aîné. *Paris*, 1834, in-8, demi-rel. dos et coins de v. f. fil. n. rog.

397. Essai sur les Nielles, gravures des orfévres florentins du xve siècle, par Duchesne aîné. *Paris, Merlin*, 1826, in-8, demi-rel. dos et coins de maroq. rouge à nerfs. (*Ottmann-Duplanil.*)

398. Histoire de la gravure en France, par Georges Duplessis. *Paris, Rapilly*, 1861, in-8, demi-rel. v. f.

399. Anacréon. Recueil de compositions dessinées par Girodet, et gravées par M. Chastillon, son élève, avec la traduction en prose des odes de ce poëte, faite également par Girodet; publié par son héritier et par les soins de MM. Becquerel et

P.-A. Coussin. *Paris*, 1825, gr. in-4, demi-rel. maroq. rouge, n. r. (*Kœhler.*)

400. Gravures sur bois tirées des livres français du xve siècle, sujets religieux, démons, êtres imaginaires, mœurs et costumes, imprimerie, grant danse macabre des hommes et des femmes, lettres ornées, écussons, chiffres, marques inédites. *Paris, Adolphe Labitte,* 1868, 324 planches gr. sur bois, in-4, en feuilles dans un carton.

401. Kreihing. Emblemata ethico-politica. *Antuerpiæ*, 1661, pet. in-8, vél. fig.

402. Recherches historiques et littéraires sur les danses des morts et sur l'origine des cartes à jouer, ouvrage orné de cinq lithographies et de vignettes, par Gabriel Peignot. *Dijon*, 1826, in-8, demi-rel. v. f.

403. La Danse des Morts, dessinée par Hans Holbein, gravée sur pierre par Joseph Schlotthauer, expliquée par Hippolyte Fourtoul. *Paris*, *Labitte*, *s. d.*, in-12, cart. 53 figures, demi-rel. maroq. vert foncé à nerfs, tête dor. non rogn. (*Lortic.*)

404. Galerie des Arts et de l'Histoire, composée des tableaux et statues les plus remarquables des Musées de l'Europe, et des sujets tirés de l'histoire de Napoléon, gravés à l'eau-forte sur acier par Réveil et accompagnés d'explications historiques. *Paris*, *Hivert*, 1836, 8 vol. in-12, demi-rel. chagr. rouge, n. rog. (*Kœhler.*)

405. Vedute antiche di Roma, e vedute della città di Roma. *S. d.*, 2 vol. in-4 obl., demi-rel. mar.

406. La Grèce pittoresque et historique, par le docteur C. Wordsworth, traduction de M. E. Regnault, illustrations sur acier et sur bois. *Paris*, *L. Curmer*, 1841, gr. in-8, demi-rel. chagr. vert myrte, n. r.

407. Histoire de l'Art monumental dans l'antiquité et au moyen âge, suivie d'un traité de la peinture sur verre, par L. Batissier. *Paris, Furne et Cie*, pet. in-4, fig. int. dans le texte, demi-rel. dos et coins de mar. rouge, tête dor. n. rog.

408. Manuel de l'Histoire générale de l'architecture chez tous les peuples, et particulièrement de l'architecture en France, au moyen âge, par Daniel Ramée. *Paris, Paulin*, 1843, 3 vol. in-12, demi-rel. v. bleu.

409. Le Louvre, par L. Vitet. *Paris, Didot*, 1853, gr. in-8, demi-rel. v. f. dos à nerfs.

410. Palais du Louvre et des Tuileries, motifs de décorations intérieures et extérieures, reproduits par les procédés d'héliogravure de E. Baldus. *Paris, Ve A. Morel, s. d.*, 200 planches in-4, renf. dans deux cartons.

411. Histoire sommaire de l'Architecture religieuse, civile et militaire, au moyen âge, par M. de Caumont. *Caen, Paris, Rouen*, 1838, in-8, demi-rel. dos et coins de v. f. (*Ottmann-Duplanil.*)

412. Archéologie chrétienne, ou Précis de l'histoire des monuments religieux du moyen âge, par l'abbé J.-J. Bourassé. *Tours, Alf. Mame*, 1867, in-8, fig. interc. dans le texte, demi-rel. v. f. fil. tr. peig.

413. Description historique de la basilique métropolitaine de Paris, ornée de gravures, par A.-P.-M. Gilbert. *Paris*, 1821, in-8, demi-rel. v. f.

414. Monographie de Notre-Dame de Paris, et de la nouvelle sacristie de MM. Lassus et Viollet-le-Duc. *Paris*, 80 planches in-folio, avec texte, dans un carton.

415. Monographie de l'église royale de Saint-Denis, tombeaux et figures historiques, par le baron de Guilhermy, dessins par Ch. Fichot. *Paris, V. Didron*, 1848, in-12, demi-rel. veau fauve.

416. Les plus belles Églises du monde, par l'abbé J. Bourassé. *Tours, A. Mame et* Cie, 1857, gr. in-8, fig. demi-rel. dos et coins de maroq. br. la Vall. n. rog.

417. Abbayes et Monastères. Histoire, monuments, souvenirs et ruines, par l'abbé J.-J. Bourassé. *Tours, Alf. Mame*, 1870, gr. in-8, illustrations, demi-rel. mar. rouge du Lev., dos orné, tête dor., n. rog. (*Petit, succ. de Simier.*)

418. Rabelais et l'architecture de la Renaissance. Restitution de l'abbaye de Thélème, par Ch. Lenormant. *Paris,* 1840.— Essais d'études bibliographiques sur Rabelais. *Paris, Techener,* 1841. Ens. 2 vol. br. in-8.

419. Monasticon Gallicanum. Collection de 168 pl. de vues topographiques, représentant les monastères de l'ordre de Saint-Benoît. Le tout reproduit par les soins de M. Peigné-Delacourt, avec une préface de M. Léopold Delisle. *Paris, V. Palmé*, 1871, 2 vol. in-4, cart. toile.

420. Description historique des maisons de Rouen, les plus remarquables par leur décoration extérieure et par leur ancienneté. *Paris, Firm. Didot,* 1821, *et Rouen*, 1841, figures, in-8, demi-rel. dos et coins de mar. rouge, tr. jasp. (*Ottmann.*)

421. Dictionnaire raisonné du mobilier français de l'époque Carlovingienne à la Renaissance, par M. Viollet-le-Duc. *Paris, Bance,* 1858, planches, gr. in-8, dos et coins de maroq. rouge, tête dor. n. rog. (*Ottmann-Duplanil.*)

422. Description des nouveaux jardins de la France et de ses anciens châteaux, mêlée d'observations sur la vie de la campagne et la composition des jardins, par Alex. de Laborde, avec figures gravées par C. Bourgeois. *Paris,* 1808, in-fol. demi-rel. dos et coins de maroq. rouge fil. tête dor. non rog.

423. Recherches sur l'art statuaire, considéré chez les anciens et chez les modernes, ou Mémoire sur cette question proposée par l'Institut national de France : Quelles ont été les causes de la perfection de la sculpture antique, et quels seraient les moyens d'y atteindre? *Paris, an XIII* (1805), in-8, demi-rel. dos et coins de maroq. rouge à nerfs.

424. Musée des monuments français, ou Description historique et chronologique des statues en marbre et en bronze, bas-reliefs et tombeaux des hommes et femmes célèbres, pour servir à l'histoire de France et à celle de l'art, ornée de gravures, et augmentée d'une dissertation sur les costumes de chaque siècle, par Alex. Lenoir. *Paris, an IX* (1800), 1821, 8 vol. in-8, demi-rel. dos et coins de mar. rouge, non rog. (*Kœhler.*)

BELLES-LETTRES.

I. LINGUISTIQUE, RHÉTEURS, ORATEURS.

425. Apollonius Dyscole, Essai sur l'histoire des théories grammaticales dans l'antiquité, par E. Egger. *Paris, Aug. Durand*, 1854, in-8, demi-rel. v. f. tr. jasp.

426. Méthode pour étudier la langue grecque, par J.-L. Burnouf. *Paris, Aug. Delalain*, 1829, in-8, demi-rel. v. f.

427. Dictionnaire grec-français, par C. Alexandre. *Paris, L. Hachette*, 1838, fort vol. in-8, texte à trois col. demi-rel. veau.

428. Méthode pour étudier la langue latine, par J.-L. Burnouf. *Paris, J. Delalain et Cie*, 1841, in-8, demi-rel. veau rose.

429. Traité des Synonymes de la langue latine, par E. Barrault. *Paris, L. Hachette et Cie*, 1853, in-8, demi-rel. v. f. (*Kœhler.*)

430. Nouveau Dictionnaire français-latin et latin-français, par M. Alf. de Wailly. *Paris, A. Guyot et Scribe*, 1839, 2 forts vol. in-8, texte à trois col. demi-rel. veau.

431. La Précellence du langage françois, par Henri Estienne. Nouvelle édition, publiée par Léon Feugère. *Paris, Jules Delalain*, 1850, in-12, demi-rel. dos et coins de chagr. rouge, non rog. (*Kœhler.*)

432. Conformité du langage françois avec le grec, par Henri Estienne. Nouvelle édition, publiée par L. Feugère. *Paris*, 1853, in-12, demi-rel. dos et coins de maroq. rouge foncé, n. rog. (*Ottmann-Duplanil.*)

433. Histoire de la formation de la langue française au moyen âge, par J.-J. Ampère. *Paris, Just Tessier*, 1841, in-8, demi-rel. v. f. tr. jasp. (*Kœhler.*)

434. Des Variations du langage français depuis le XIIe siècle, par J. Génin. *Paris, Firm. Didot*, 1845, in-8, demi-rel. dos et coins de mar. bleu, n. rog. (*Kœhler.*)

435. Histoire de la langue française, par E. Littré. *Paris, Didier*, 1863, 2 vol. in-8, demi-rel. dos et coins de v. f. fil. n. rog.

Envoi autographe de l'auteur à M. L. Pasquier.

436. Observations de Ménage sur la langue françoise. *A Paris, chez Claude Barbin*, 1675-76, 2 vol. in-12, demi-rel. v. f. ant. fil, dos armoriés, tr. dor.

437. Grammaire des grammaires, ou Analyse raisonnée des meilleurs traités sur la langue française, par Ch. Girault-Duvivier. *Paris*, *A. Cotelle*, 1853, 2 vol. in-8, demi-rel. v. f.

438. Grammaire générale et raisonnée de Port-Royal, par Arnauld et Lancelot, précédée d'un Essai sur l'origine et les progrès de la langue française par M. Petitot. *Paris,* 1810, in-8, demi-rel. v. f. (*Ottmann.*)

439. Les Tropes de Dumarsais, avec un commentaire raisonné, destiné à rendre plus utile que jamais l'étude de la grammaire, par M. Fontanier. *Paris*, *Belin-Le-Prieur*, 1818, 2 vol. in-12, demi-rel. v. f.

440. Synonymes français, par Benjamin Lafaye. *Paris, L. Hachette*, 1841, in-8, demi-rel. v. ant. (*Kœhler.*)

441. Études de philologie comparée sur l'argot et sur les idiomes analogues parlés en Europe et en Asie, par Fr. Michel. *Paris*, *F. Didot*, 1856, gr. in-8, demi-rel. v. ant. tr. jasp.

442. Dictionnaire de l'Académie française. *Paris*, *Firm. Didot fr.*, *s. d.*, 2 vol. in-4, titres gravés, demi-rel. dos et coins de maroq. vert myrte (*Kœhler.*)

443. Dictionnaire de la langue française, par E. Littré. *Paris*, *L. Hachette et C*[e], 1863-73, 2 tomes en 4 vol. gr. in-4, demi-rel. dos et coins de maroq. brun la Vall. à nerfs, tr. peig.

444. Dictionnaire comique, satirique, critique, burlesque, libre et proverbial, avec une explication très-fidèle, le tout par Philibert-Joseph Le Roux. *Amsterdam,* 1787, 2 vol. pet. in-8, titr. rouge et noir, demi-rel. mar. rouge, tête jasp. n. rog. (*Kœhler.*)

445. Dictionnaire universel des Synonymes, par M. Guizot. *Paris*, *Didier*, 1850, 2 vol. in-8, demi-rel. v. f. (*Kœhler.*)

446. Dictionnaire des Synonymes de la langue française, par Lafaye. *Paris*, *Hachette*, 1858, gr. in-8, texte à deux col., demi-rel. dos et coins mar. vert myrt., tr. jasp. (*A. Pajard.*)

447. Dictionnaire complet des langues française et allemande, par l'abbé Mozin, MM. Guizot, Biber, Hoelder et Courtin, édition revue et augmentée par A. Peschier. *Stuttgart et Augsbourg*, *J.-G. Cotte*, 1856, 4 vol. in-4, texte à deux col., demi-rel. chagr. noir.

448. Nouveau Dictionnaire des langues allemande et française, par C.-G.-T. Schuster, revu pour le français par M. Ad. Régnier. *Paris*, *Ch. Hingray*, 1844, 2 gr. vol. in-8, texte à trois col. demi-rel. mar. vert myrt. (*Ottmann-Duplanil*).

449. Grammaire italienne élémentaire et raisonnée, suivie d'un traité de poésie italienne, par G. Biagioli. *Paris*, 1825, in-8, demi-rel. v. f.

450. Grand Dictionnaire français-italien et italien-français, par J.-B. Barberi. *Paris*, *J. Renouard*, 1838-39, 2 vol. in-4, demi-rel. dos et coins de chagr. v. clair. (*Kœhler.*)

451. Rhétorique d'Aristote, traduite en français par J. Barthélemy Saint-Hilaire. *Paris*, *Ladrange*, 1870, 2 vol. in-8, br. n. c.

452. Poétique d'Aristote, traduite en français et accompagnée de notes, par J. Barthélemy Saint-Hilaire. *Paris*, *Ladrange et Durand*, 1858, gr. in-8, demi-rel. dos et coins de maroq. rouge, n. rog.

453. Quintiliani Institutiones oratoriæ. 1536, in-fol. titr. encadré, bas. fleurs de lis.

Exemplaire donné en prix au collége Louis-le-Grand, en 1750, à Étienne Pasquier.

454. Essai d'une Rhétorique sacrée d'après Bossuet, par l'abbé L.-Vict. Arren. *Colmar*, 1859, in-8, br. n. c.

455. Œuvres complètes de Démosthène et d'Eschine, en grec et en français, traduction de l'abbé Auger, édition donnée par J. Planche. *Paris*, *Verdière*, 1819-51, 10 vol. in-8, portrait gr. de Démosthène, demi-rel. veau vert myrte, n. rog. (*Kœhler.*)

456. OEuvres complètes de Démosthène et d'Eschine, traduction par J. Stiévenart. *Paris*, *Firm. Didot*, 1842, in-4, demi-rel. dos et coins de v. f. à nerfs et fleurons, tr. peig.

457. OEuvres politiques de Démosthène, traduites par P.-A. Plougoulm. *Paris*, *L. Hachette*, 1863, 2 vol. in-8, demi-rel. maroq. rouge à nerfs, n. rog.

458. Harangues d'Eschine et de Démosthène sur la couronne, traduites par P.-A. Plougoulm. *Paris*, *L. Hachette*, 1834, gr. in-8, pap. vergé, demi-rel. v. vert, n. rog.

459. Histoire de Démosthène, par A. Boullée. *Paris*, *Didier*, 1867, in-8, demi-rel. dos et coins de v. f. n. rog. (*Pajard.*)

460. OEuvres complètes d'Isocrate, traduction nouvelle, avec le texte en regard, par le duc de Clermont-Tonnerre. *Paris*, *Firm. Didot*, 1862–64, 3 vol. gr. in-8, pap. vélin fort, demi-rel. maroq. rouge à nerfs, jans. n. rog.

461. Le Discours d'Isocrate sur lui-même, intitulé sur l'Antidosis, traduit en français par Aug. Cartelier, publié par Ernest Havet. *Paris*, *Impr. impériale*, 1842, in-8, demi-rel. maroq. rouge, tr. peig.

462. Histoire de l'éloquence latine, depuis l'origine de Rome jusqu'à Cicéron, d'après les notes de M. Adolphe Berger, réunies et publiées par Victor

Cucheval. *Paris, Hachette*, 1872, 2 vol. in-12, br.

463. Discours prononcés dans les chambres législatives, par M. le baron Pasquier, chancelier de France (1814-36). *Paris, de l'impr. de Crapelet*, 1842, 4 gr. vol. in-8, pap. vél. maroq. rouge à nerfs, fil. tête jasp. n. rog. (*Ottmann.*)

464. Discours de M. le baron Pasquier, en venant prendre séance à la place de M. Frayssinous, et réponse de M. Mignet, directeur de l'Académie française, au discours de M. le baron Pasquier. *Paris*, 1842, 2 plaq. gr. in-8, réun. en 1 vol. demi-rel. dos et coins de maroq. rouge.

2. POÈTES ANCIENS.

465. Cours de poésie sacrée, par le docteur Lowth, traduit du latin en français par J. Roger. *Paris*, 1813, in-8, demi-rel. v. ant. à nerfs, tr. jasp. (*Kœhler.*)

466. Le Spiritualisme et l'idéal dans l'art et la poésie des Grecs, par A. Chassang. *Paris, Didier et Cie*, 1868, in-8, demi-rel. v. f. tr. jasp.

467. Anthologie grecque, traduite sur le texte publié d'après le manuscrit palatin par Fr. Jacobs. *Paris, L. Hachette*, 1863, 2 vol. in-12, demi-rel. v. f. n. rog.

468. Hésiode. Hymnes orphiques, traduction nouvelle par Leconte de Lisle. *Paris, Alph. Lemerre*, 1869, in-8, demi-rel. dos et coins de maroq. rouge foncé, tête dor. non rog. (*Petit, successeur de Simier.*)

Tiré à petit nombre. Exemplaire en grand papier.

469. Homeri Opera, cura Ernesti. *Londini*, 1814, 5 vol. in-8, demi-rel. mar. (*Ottmann-Duplanil.*)

470. Homeri Opera gr. ed. Wolf. *Lipsiæ*, 1804-7, 4 vol. pet. in-4, v. f. (*Fig. au trait.*)

471. L'Iliade et l'Odyssée d'Homère, traduites en français avec des remarques, par madame Dacier. *A Paris, chez Rigaud, directeur de l'Imprimerie royale*, 1711-16, 6 vol. in-12, v. f. ant. dos orné. (*Armoiries.*)

472. L'Iliade d'Homère, traduite en vers français, par J. Barthélemy Saint-Hilaire. *Paris, Didier*, 1868, 2 vol. in-8. br. neuf, n. c.

473. Essai sur les Dieux protecteurs des héros grecs et troyens dans l'Iliade, par Alexandre Bertrand. *Rennes*, 1858, gr. in-8, demi-rel. percal. n. rog.

474. Odes, inscriptions, épitaphes, épithalames et fragments d'Anacréon, traduits en français par le citoyen Gail. *A Paris, de l'impr. de Didot l'aîné, l'an II de la République française* (1794). Pet. in-16, fig. gr. demi-rel. dos et coins de maroq. rouge du Levant à nerfs et fleurons, fil. tête dor. n. r. (*Petit, successeur de Simier.*)

475. Odes d'Anacréon, traduites en vers sur le texte de Brunck, par J.-B. de Saint-Victor. *Paris, H. Nicolle*, 1818, in-8, demi-rel. v. ant. tr. marbr.

476. Fabulæ Æsopicæ, gr. et lat., ed. Furia. *Florentiæ*, 1809, in-8, demi-rel.

477. Essais sur le Génie de Pindare et sur la poésie lyrique dans ses rapports avec l'élévation morale et religieuse des peuples, par Villemain. *Paris, Firm. Didot fr.*, 1859, in-8, demi-rel. dos et coins de maroq. rouge, n. rog.

478. Traduction complète de Pindare, par C. Poyard. *Paris, Impr. impériale*, 1853, in-8, demi-rel. v. f. n. rog. (*Ottmann.*)

479. Odes de Pindare, traduction nouvelle, par J.-F. Boissonade. *Grenoble et Paris*, 1867, in-16, pap. vergé, demi-rel. dos et coins de veau f. fil. tête dor. non rogné (*Petit, successeur de Simier.*)

Ouvrage tiré seulement à 65 exemplaires; exemplaire n° 13.

480. Les Idylles de Théocrite, suivies de ses inscriptions, traduites en vers français (avec le texte grec en regard), par Firmin Didot. *Paris*, 1833, in-8, demi-rel. maroq. viol. tr. marb.

481. Choix de Poésies religieuses de S. Grégoire de Nazianze, publié par B. Darolles. *Toulouse*, 1839, in-12, cart. n. rog.

482. Chants populaires de la Grèce moderne, recueillis et publiés avec une traduction française, par C. Fauriel. *Paris, Firm. Didot*, 1824-25, 2 vol. in-8, demi-rel. dos et coins de maroq. rouge, tête jasp. n. r. (*Ottmann.*)

483. Études sur la poésie latine, par M. Patin. *Paris, L. Hachette et Cie*, 1868, 2 vol. in-12, demi-rel. dos et coins de veau f. fil.

484. Anthologia latina, curante Burmanno. *Amst.*, 1759, 2 vol. in-4, demi-rel. n. rogn. portrait.

485. Catullus, Virgilius, Lucretius. *Birminghamiæ, Baskerville*, 1757-72, 3 vol. in-4, v. gr.

486. Horatius. Ed. Orelli, ed. II. *Turici*, 1843, 2 vol. in-8, demi-rel. v. f.

487. Q. Horatii Flacci Emblemata. *Antverpiæ, ex officina Hieronymi Verdussen*, 1607, in-4, fig. gr. veau f. ant. fil. (*Aux armes de Samuel Bernard, comte de Rieux.*)

488. Horace éclairci par la ponctuation, par le chev. Croft. *Paris, Aug. Renouard*, 1810, in-8, demi-rel. chagr. rouge, n. rog.

489. OEuvres d'Horace, traduites par MM. Campenon et Després, accompagnées du commentaire de l'abbé Galiani. *Paris*, 1821, 2 vol. in-8, demi-rel. v. f. tr. jasp. (*A. Pajard.*)

490. Œuvres complètes d'Horace, traduites en vers par P. Daru. *Paris, Janet et Cotelle*, 1823, 2 vol. in-8, portraits, demi-rel. dos et coins de maroq. rouge, tête jasp. n. r.

491. OEuvres d'Horace, traduction avec le texte en regard, publiée par M. Patin. *Paris, Charpentier*, 1860, 2 vol. in-12, demi-rel. v. f.

492. Les Odes d'Horace traduites en vers, avec des arguments et des notes, par Ch. Vanderbourg. *Paris, Fr. Schœll*, 1812-13, 2 tomes en 3 vol. in-8, demi-rel. v. f. tr. jasp.

493. Histoire de la vie et des poésies d'Horace, accompagnée d'un portrait et d'une carte, par le baron Walckenaer. *Paris, L. Michaud*, 1840, 2 vol. in-8, demi-rel. v. ant. tr. jasp.

494. Étude biographique sur Horace, par A. Noël des Vergers. *Paris, Firm. Didot fr.*, 1855, in-12, cart. plaq. de 64 pag. demi-percal. n. rog.

495. Les Géorgiques de Virgile, traduites par Jacques Delille, avec les notes et les variantes. *Paris, Bleuet père*, in-4, pap. vél. maroq. rouge, large dent. et ornem. sur les plats, doublé de tabis. tr. dor.

Exemplaire de Ferdinand-Philippe, duc d'Orléans, fils du roi Louis-Philippe, mort en 1842, et dont les initiales se détachent sur les plats.
Bel exemplaire.

496. Études sur Virgile, comparé avec tous les poëtes épiques et dramatiques des anciens et des modernes, par F. Tissot. *Paris, Méquignon Marvis*, 1825-30, 4 vol. in-8, demi-rel. v. vert, tr. marbr.

497. Étude sur Virgile, suivie d'une étude sur Quintus de Smyrne, par C.-A. Sainte-Beuve. *Paris, Garnier fr.*, 1857, in-12, demi-rel. v. f. n. r. (*Gardien.*)

498. De la Vie et des ouvrages de Caïus Cornélius Gallus, par Alex. Nicolas. *Paris*, 1851, gr. in-8, demi-rel. v. f.

499. Métamorphoses d'Ovide, traduites en vers français par l'abbé Banier, avec figures gravées par Coiny. *Paris, de l'impr. de Didot l'aîné*, 1787,

2 vol. pet. in-12, demi-rel. dos et coins de maroq. rouge, fil. tête dor. n. rog.

500. Les Métamorphoses d'Ovide, traduction avec le texte latin, par M. G.-T. Villenave, ornées de gravures d'après les dessins de MM. Lebarbier, Monsiau et Moreau. *Paris, F. Gay et Ch. Guestard, de l'impr. de P. Didot,* 1806, 4 vol. gr. in-4, pap. vél. demi-rel. dos et coins de maroq. rouge, n. rog. (*Kœhler.*)

501. Recherches sur la religion des Romains, d'après les fastes d'Ovide, par Louis Lacroix. *Paris, Joubert,* 1846, in-8, demi-rel. v. gris.

Envoi autographe de l'auteur à M. Louis Pasquier.

502. Lucretii de rerum natura libri, ad exemplar G. Wakefield, cum notis excusi. *Glasguæ,* 1813, 4 vol. in-8, demi-rel. v. f., n. rog. (*Ottmann.*)

503. Lucrèce, de la Nature des choses, traduit en vers français, par M. J.-P.-S. de Pongerville, texte en regard. *Paris,* 1823, 2 vol. in-8, demi-rel. v. f. (*Ottmann.*)

504. Le Poëme de Lucrèce, morale, religion, science, par C. Martha. *Paris, Hachette,* 1869, in-8, demi-rel. v. f. n. rog.

505. Juvénal et ses satires, études littéraires et morales, par Aug. Widal. *Paris, Didier et Cie,* 1867, in-8, demi-rel. v. f. n. rog. (*Petit, succ. de Simier.*)

506. Satires de Juvénal et de Perse, traduites en vers français par M. Jules Lacroix. *Paris, Firm. Didot,* 1846, gr. in-8, demi-rel. dos et coins de mar. vert myrte, n. rog. (*Kœhler.*)

507. Martialis Epigrammata cum interpr. Collessi. *Amstel.,* 1701, in-8, v. f. (*Rel. anc.*)

508. Études de mœurs et de critique sur les poëtes de la décadence, par D. Nisard. *Paris, L. Hachette,* 1849, 2 vol. in-8, demi-rel. v. f. tr. peig.

509. Valerii Flacii Argonauticon libri, cum notis Burmanni. *Altenburgi*, 1781, in-8, mar. v. tr. dor. (*Rel. anglaise.*)

510. Claudiani quæ exstant, Heinsius recensuit. *Amstel.*, 1665, in-8, mar. r. tr. dor. (*Anc. rel.*)

511. OEuvres de Salvien, traduction nouvelle avec le texte en regard, par J. Grégoire et F. Collombet. *Paris et Lyon*, 1833, 2 vol. in-8, demi-rel. v. f. tr. jasp.

512. Hymnes de Synésius, évêque de Ptolémaïs, traduits en français avec le grec en regard, et suivis des hymnes sacrés de Manzoni, traduits en français avec l'italien en regard, par MM. Grégoire et Collombet. *Lyon*, *Paris*, 1839, in-8, demi-rel. dos et coins de maroq. rouge jans. non rogné. (*Gardien.*)

513. OEuvres de Paulin de Périgueux, suivies du poëme de Ven.-Hon.-Clém. Fortunat sur la vie de saint Martin, par F. Corpet. *Paris*, *Panckoucke*, 1849, in-8, demi-rel. v. f. tête jasp. non rog.

514. OEuvres de C. Sollius Apollinaris Sidonius, traduites en français avec le texte en regard, par J.-P. Grégoire et F.-L. Collombet. *Lyon et Paris*, 1836, 3 vol. in-8, demi-rel. v. f. tr. jasp. (*Kœhler.*)

515. La Christiade, poëme épique de M. J. Vida, évêque d'Albe, première traduction française, précédée d'une préface sur la vie et les ouvrages de l'auteur, par S. de Latour. *Paris*, *Colnet*, 1826, in-8, demi-rel. v. f. tr. jasp.

516. De la Poésie latine en France, au siècle de Louis XIV, par l'abbé Vissac. *Paris*, *Aug. Durand*, 1862, in-8, demi-rel. v. f. tête jasp. non rog.

517. Menagii Poemata. *Amst.*, *ex offic. Elzeviriana*, 1663, in-12. vél.

518. Vita Scholastica (par Rossignol). *Lutetiæ*, 1836, gr. in-8, demi-rel. mar. r. à nerf n. rog. (*Ottmann.*)

3. POÈTES FRANÇAIS.

519. Histoire de la Poésie provençale, par M. Fauriel. *Paris*, *Jules Labitte*, 1846, 3 vol. in-8, demi-rel. dos et coins de maroq. rouge.

520. Les Poëtes français depuis le XIIe siècle jusqu'à Malherbe, avec une notice historique et littéraire sur chaque poëte. *Paris*, *de l'impr. de Crapelet*, 1824, 6 vol. in-8, demi-rel. v. rose, n. rog. (*Kœhler.*)

521. Les Épopées françaises, étude sur les origines et l'histoire de la littérature nationale, par Léon Gautier. *Paris*, *V. Palmé*, 1865-68, 3 vol. gr. in-8, br. n. c.

522. Essai sur la Légende d'Alexandre le Grand dans les romans français du XIIe siècle, par Eug. Talbot. *Paris, Franck*, 1850, in-8, demi-rel. v. f. n. rog. (*Ottmann.*)

523. Histoire poétique de Charlemagne, par Gaston Paris. *Paris*, *Franck*, 1865, gr. in-8, demi-rel. mar. br. jans. à nerfs, tête dor. n. rog. (*Petit, succ. de Simier.*)

524. La Chanson de Roland, poëme de Theroulde, texte critique accompagné d'une traduction, par F. Génin. *Paris*, *Impr. nationale*, 1850, in-8, pap. vergé, demi-rel. dos et coins de mar. rouge, tête dor. n. rog. (*Ottmann-Duplanil.*)

525. Le Pas d'armes de la Bergère maintenu au tournoi de Tarascon, publié d'après le manuscrit de la Bibliothèque du roi, avec un précis de la chevalerie et des tournois, et la relation du carrousel exécuté à Saumur en présence de S. A. R. Mme la duchesse de Berry, par A. Crapelet. *Paris*,

1835, in-8, 1 fig. chromo, demi-rel. dos et coins de chagr. rouge, tête dor. n. rog.

Exemplaire en grand papier.

526. Le Roman de la Rose, par Guillaume de Lorris et Jehan de Meung. Nouvelle édition, publiée par M. Méon. *Paris*, *P. Didot l'aîné*, 1814, 4 vol. in-8, portr. demi-rel. dos et coins de v. f. n. r. (*Kœhler.*)

527. Poëme inédit de Jehan Marot, publié par Georges Guiffrey. *A Paris, veuve J. Renouard* (*L. Perrin, impr.*), 1866, in-8, demi-rel. dos et coins de mar. r. fleurons, tête dor. n. r.

528. Poésies de Marie de France, poëte anglo-normand du XIIIe siècle, ou recueil de lais, fables et autres productions de cette femme célèbre, publiées par B. de Roquefort. *Paris*, *Chassériau*, 1820, 2 vol. in-8, 2 fig. gr. demi-rel. v. f. tête jasp. n. rog. (*Kœhler.*)

529. Louis et Charles, ducs d'Orléans, leur influence sur les arts, la littérature et l'esprit de leur siècle, par Aimé Champollion-Figeac. *Paris,* 1844, 3 parties en 1 vol. in-8, fig. au trait, demi-rel. dos et coins de maroq. rouge, non rog. (*Kœhler.*)

530. Poésies de Marguerite-Éléonore-Clotilde de Vallon-Chalys, depuis madame de Surville, poëte français du XVe siècle. Nouvelle édition, publiée par Ch. Vanderbourg. *Paris, Nepveu,* 1824, in-8, chromo et fig. demi-rel. dos et coins de cuir de Russie, fil. tête dor. n. rog. (*Ottmann-Duplanil.*)

531. Le Poëme de la croisade contre les Albigeois, ou l'Épopée nationale de la France du Sud au XIIIe siècle, par G. Guibal. *Toulouse*, 1863, in-8, demi-rel. v. f. tr. jasp.

532. Petits Poëtes français, depuis Malherbe jusqu'à nos jours, avec des notices biographiques et litté-

raires sur chacun d'eux, par M. Prosper Poitevin. *Paris, Firm. Didot*, 1841, 2 vol. pet. in-4, texte à 2 col. demi-rel. dos et coins de chagr. rouge.

533. OEuvres choisies de Malherbe, avec des notes de tous les commentateurs, édition publiée par L. Parrelle. *A Paris, Lefèvre*, 1825, 2 vol. in-8, portr. veau f. fil.

534. Poésies de François Malherbe, avec un commentaire inédit par André Chénier; édition publiée par M. de la Tour. *Paris, Charpentier*, 1842, in-12, demi-rel. dos et coins de v. f. à nerfs et fleurons fil. tr. peign.

535. La Satire en France au moyen âge, par C. Lenient. *Paris, L. Hachette*, 1859, in-12, dem.-rel. v. f.

536. La Satire en France, ou la littérature militante au XVIe siècle, par C. Lenient. *Paris, L. Hachette*, 1866, in-8, demi-rel. dos et coins de v. f.

537. OEuvres complètes de Théophile; nouvelle édition, publiée par M. Alleaume. *Paris, P. Jannet*, 1856, 2 vol. pet. in-12, demi-rel. dos et coins de mar. r. foncé à nerfs. (*Kœhler*.)

538. Les Femmes poëtes au XVIe siècle, par Léon Feugère. *Paris, Didier*, 1860, in-8, br. neuf.

539. Les Tragiques, par Théodore Agrippa d'Aubigné; nouvelle édition, publiée par Ludovic Lalanne. *Paris, P. Jannet*, 1857, in-12, demi-rel. mar. rouge, n. rog.

540. La Muse historique, ou Recueil des lettres en vers, contenant les nouvelles du temps, écrites à Son Altesse Mademoiselle de Longueville, depuis duchesse de Nemours (1650-1665), par J. Loret; nouvelle édition, publiée par MM. J. Ravenel et Ed.-V. de la Pelouze. *Paris, P. Jannet*, 1857, fort vol. in-8, texte à deux col. caract. anciens, br. n. coup. (Tome 1er.)

541. Fables inédites des XIIe, XIIIe et XIVe siècles, et fables de la Fontaine rapprochées de celles de tous les auteurs qui avaient, avant lui, traité les mêmes sujets, précédées d'une notice sur les fabulistes par A.-C.-M. Robert. *Paris, Et. Cabin*, 1825, 2 vol. in-8, portrait, 90 gr. en taille-douce et 4 fac-simile, demi-rel. veau rose, non rogn. (*Kœhler.*)

542. La Fontaine et les fabulistes, par Saint-Marc Girardin. *Paris, Mich. Lévy fr.*, 1867, 2 vol. in-8, demi-rel. dos et coins de v. f. fil. tr. peig.

543. La Vie de monsieur Boileau-Despréaux, par M. des Maizeaux. *Amsterdam, chez Henri Schelte*, 1712, in-12, front. gr. demi-rel. v. ant. marbr.

544. OEuvres diverses du sieur D*** (Despréaux), avec le Traité du sublime ou du merveilleux dans le discours, traduit du grec de Longin. *Paris, veuve Louis Billaine*, 1683, in-12, front. gr. mar. r. compart. tr. dor.

Aux armes de Colbert ajoutées. La reliure n'est qu'un remboîtage.

545. OEuvres diverses du sieur Boileau-Despréaux, avec le Traité du sublime ou du merveilleux dans le discours, traduit du grec de Longin. *A Paris, chez Denys Thierry*, 1701, 2 vol. in-12, frontispice à chaque vol. vél. blanc, titre call. tr. rouge.

546. Chansons historiques et satiriques sur la cour de France (1625 à 1746). *S. l.*, 1856, in-12, cart. n. rog.

Tiré à 60 exemplaires, de la Bibliothèque facétieuse, édition par les frères Gébéodé.

547. OEuvres poétiques de J.-B. Rousseau, avec un commentaire par M. Amar. *Paris, Lefèvre*, 1824, 2 vol. in-8, pap. vél. portr. dos et coins, demi-rel. mar. r. tête dor. n. rog.

548. Élite des poésies de Chaulieu. *Paris, Deses-*

sart, an VII de la République, in-12, front. gr. demi-rel. veau fauve, fl. n. rog.

Exemplaire en grand papier.

549. OEuvres choisies de Parny, augmentées des variantes du texte et de notes. *Paris*, *Lefèvre*, 1827, in-8, portr. demi-rel. mar. rouge à nerfs, non rog. (*Kœhler.*)

550. Élite de poésies fugitives. *Londres*, 1764-70, 5 vol. pet. in-12, v. f. tr. roug.

Bel exemplaire dans son ancienne reliure.

551. Histoire des Poëmes épiques français du XVIIe siècle, par Jul. Duchesne. *Paris*, *Ern. Thorin*, 1870, in-8, demi-rel. v. f.

552. Les Philippiques de la Grange-Chancel, avec des notes historiques et littéraires, par M. de Lescure. *Paris*, *Poulet-Malassis et de Broise*, 1858, in-12, demi-rel. v. f. (*A. Pajard.*)

553. Œuvres de Gresset. *Paris, P. Didot l'aîné et Firm. Didot*, 1806, 2 vol. pet. in-12, demi-rel. dos et coins de maroq. vert myrte, fleurons, fil. tête dor. n. rog. (*Petit, successeur de Simier.*)

554. OEuvres choisies de Gresset, précédées d'un essai sur sa vie et ses écrits, par M. Campenon. *Paris, Janet et Cotelle*, 1823, in-8, et 1 figure de Desenne, dos et coins de chagr. rouge à nerfs, tête dor. n. r.

555. OEuvres choisies de Gresset, précédées d'un essai sur sa vie et ses écrits, par M. Campenon. *Paris*, *Janet et Cotelle*, 1823, in-8, figure de Desenne, rel. v. br. estamp. fil. tr. dor.

556. Poésies de M.-J. Chénier, précédées d'une notice et accompagnées de notes, par M. Ch. Labitte. *Paris*, *Charpentier*, 1844, in-12, maroq. vert clair, fleurons, tête dor. n. rog.

557. Poésies de André Chénier, précédées d'une notice, par M. H. de Latouche. *Paris*, *Charpen-*

tier, 1855, in-12, portrait, demi-rel. dos et coins de maroq. rouge du Lev. jans. tête dor. n. rog.

558. Poésies de André Chénier, édition critique, par L. Becq de Fouquières. *Paris*, *Charpentier*, 1862, in-8, portrait, demi-rel. dos et coins de maroq. rouge, fil. tête dor. n. r. (*Ottmann-Duplanil.*)

559. La Panhypocrisiade, ou le Spectacle infernal du XVIe siècle, comédie épique, par Népomucène Lemercier. *A Paris, de l'impr. de Firmin Didot*, 1819, in-8, pap. vergé, demi-rel. mar. rouge, tr. marbr.

Déchirure au faux-titre dans sa marge du fond.

560. Poésies nationales de la Révolution française, ou recueil complet des chants, hymnes, couplets, odes et chansons patriotiques, accompagné d'un calendrier républicain. *Paris, Michel fils aîné et Bailly*, 1836, in-8, huit vign. gr. sur acier, demi-rel. dos et coins de m. v. f.

561. OEuvres complètes de J. Delille, avec notes. *Paris*, *Firm. Didot fr.*, 1843, pet. in-4, texte à deux col. portr. demi-rel. dos et coins de v. f. fil. n. rog. (*Ottmann-Duplanil.*)

562. OEuvres de A.-V. Arnault, fables et poésies diverses. *Paris*, *Bossange*, 1825, in-8, demi-rel. mar. rouge.

563. Poésies diverses de Ch. Nodier, recueillies et publiées par N. Delangle. *Paris*, *Delangle fr.*, 1827, in-16, demi-rel. v. f.

564. Le Retour de l'empereur, par Victor Hugo. *Paris, Furne et Delloye*, *s. d.*, in-16, cart. toil. percal. n. rog. (*Pierson.*)

565. Odes et Ballades, par Victor Hugo. *Paris*, *Ch. Gosselin*, 1827, 3 vol. in-8, fig. sur chine, veau viol. fil. tr. dor.

566. Esquisses poétiques, par Édouard Turquety. *Paris*, *Delangle fr.*, 1829, in-16, demi-rel. dos et

coins de v. f. à nerfs, fil. tr. peig. (*Petit, successeur de Simier.*)

567. Brizeux (A.). Marie. *Paris, Paul Masgana*, 1842. — Les Bretons. *Paris, P. Masgana*, 1842. Ens. deux ouvr. in-12, demi-rel. dos et coins de maroq. rouge, tête dor. n. rog.

568. Sainte-Beuve. Poésies complètes. *Paris, Charpentier*, 1840. — Tableau de la poésie française et du théâtre français au XVIe siècle. *Paris, Charpentier*, 1843, 2 vol. in-12, demi-rel. v. f. à nerfs et fleurons, fil. tr. peigne.

569. Poésies complètes du comte Alfred de Vigny. *Paris, Charpentier*, 1852, in-12, demi-rel. dos et coins de v. f. fil. n. rog.

570. Poëmes antiques, par Leconte de Lisle. *Paris, Marc Ducloux*, 1852, in-12, demi-rel. v. f. fil. à nerfs, tr. peign. (*Petit, successeur de Simier.*)

571. Iambes et poëmes, par Auguste Barbier. *Paris, Dentu*, 1861, in-12, demi-rel. v. f. à nerfs, n. rog.

572. Le Poëme des beaux jours, par Joseph Autran. *Paris, Michel Lévy frères*, 1862, in-8, pap. vél. demi-rel. dos et coins de v. f. fil. tr. peignes. (*Petit, successeur de Simier.*)

573. Pernette, par Victor de Laprade. *Paris, Didot*, 1869, in-12, pap. vél. demi-rel. dos et coins de v. f. fil. tr. peig. (*Petit, successeur de Simier.*)

574. Poésies complètes, par Ant. de Latour. *Paris, H. Plon*, 1871, in-12, demi-rel. maroq. rouge du Lev. jans. à nerfs. (*Petit, successeur de Simier.*)

575. Coppée (Fr.). Poésies, 1869-72. *Paris, Alph. Lemerre*, 1870-72, 2 vol. pet. in-12. br. (*Portr.*)

576. Barzaz-Breiz. Chants populaires de la Bretagne, publiés par Th. Hersart de la Villemarqué. *Paris, A. Franck*, 1846, 2 vol. in-12, demi-rel. v. f. (*Kœhler.*)

577. Noelz, par le comte d'Alsinoys. — Autres noelz sur les chants de plusieurs belles chansons. *Au Mans, chez A. Lanier*, 1847, petit in-12, pap. vergé, demi-rel. dos et coins de maroq. rouge du Levant à nerfs et fleurons, fil. tête dor. n. r. (*Petit, successeur de Simier.*)

578. Des Chansons populaires chez les anciens et chez les Français, par Ch. Nisard. *Paris, Dentu*, 1867, 2 vol. in-12 (planche), demi-rel. maroq. rouge, n. r. (*Petit, successeur de Simier.*)

4. POÈTES ÉTRANGERS.

579. L'Enfer, poëme du Dante, traduit de l'italien par M. le comte de Rivarol. *Londres et Paris*, 1788, in-8, demi-rel. dos et coins de v. f. dos orné, tr. jasp.

580. L'Enfer, le Purgatoire et le Paradis de Dante Alighieri, traduits en français par le chevalier A.-F. Artaud. *Paris, Firm. Didot*, 1828-30, 9 vol. pet. in-16 (avec les trois figures), demi-rel. v. bleu. n. rog.

581. La Divine Comédie de Dante Alighieri, précédée d'une introduction : l'Enfer, — le Purgatoire, — le Paradis, — trad. par Lamennais. *Paris, Paulin et Lechevalier*, 1855, 3 vol. gr. in-8, portr. de Dante et fig. sur chine, demi-rel. dos et coins de v. f. (*Ébarbés.*)

582. Vita di Dante, scritta da Cesare Balbo. *Torino, Giuseppe Pomba*, 1839, 2 vol. in-12, demi-rel. dos et coins de maroq. rouge, n. rog.

583. Histoire de la vie et des œuvres de Dante Alighieri, par le chevalier Artaud de Montor. *Paris, Adr. Leclère*, 1841, in-8, portraits et figures, demi-rel. v. f. tr. jasp. (*Kœhler.*)

584. Le Rime del Petrarca. *Padova, nella tipografia del seminario*, 1819-20, 2 vol. gr. in-4, pap.

vél. gravures, demi-rel. dos et coins de mar. rouge, fil. tête dor. n. rog. (*Messier.*)

585. Poésies de Pétrarque, traduction complète, par le comte de Grammont. *Paris, Masgana*, 1842, in-12, demi-rel. v. f. tête dor. n. r.

586. Pétrarque, étude d'après de nouveaux documents, par A. Mézières. *Paris, Didier,* 1868, in-8, demi-rel. dos et coins de v. f. tr. peig.

587. Roland furieux, nouvelle traduction, avec la vie de l'Arioste, par A. Mazuy. *Paris, F. Knab,* 1839, 3 vol. in-8, portr. et fig. sur chine, demi-rel. v. f. tête jasp. n. rog. (*Kœkler.*)

588. La Vita di L. Ariosto. *Ferrara*, 1807, gr. in-4, demi-rel. mar. r. portrait.

589. Jérusalem délivrée, poëme du Tasse, nouvelle traduction. *Paris, Musier fils*, 1774, 2 vol. in-8, titre gr., front. et fig. de Gravelot, rel. veau porph. fil. tr. dor.

590. Milton, sa vie et ses œuvres, par Edm. de Guerle. *Paris, Mich. Lévy*, 1868, dem.-percal. n. r. (*Pierson.*)

5. THÉATRE.

591. Cours de littérature dramatique, ou recueil par ordre de matière des feuilletons de Geoffroy, précédé d'une notice historique sur sa vie et ses ouvrages. *Paris, P. Blanchard*, 1825, 6 vol. in-8, fac-simile, demi-rel. v. f. tr. marb. (*Kleinhans.*)

592. Cours de littérature dramatique, ou de l'usage des passions dans le drame, par Saint-Marc Girardin. *Paris, Charpentier*, 1843-68, 5 vol. in-12, demi-rel. v. violet, tr. jasp. (*Kœhler.*)

593. Cours de littérature dramatique, par A.-W. Schlegel, traduit de l'allemand. *Paris et Genève*, 1814, 3 vol. in-8, demi-rel. veau vert, tr. marb.

594. Histoire de la comédie ancienne, par M. Édélestand du Méril. *Paris, Didier*, 1869, 2 vol. in-8, demi-rel. dos et coins de v. f. à nerfs, fil. n. rog. (*Petit, successeur de Simier.*)

595. Fragments pour servir à l'histoire de la comédie antique, par M. Artaud, avec une préface de M. Guigniaut. *Paris, Aug. Durand*, 1863, in-8, demi-rel. veau.

596. Histoire des Marionnettes en Europe, depuis l'antiquité jusqu'à nos jours, par Ch. Magnin. *Paris, Mich. Lévy*, 1852, gr. in-8, demi-rel. dos et coins de v. f. fil. n. rog.

597. Les Origines du théâtre moderne, ou histoire du génie dramatique, depuis le Ier jusqu'au XVIe siècle, par M. Ch. Magnin. *Paris, Hachette*, 1838, in-8, demi-rel. v. vert, tr. jasp. (*Kœhler.*)

598. Études sur les tragiques grecs, ou examen critique d'Eschyle, de Sophocle et d'Euripide, par M. Patin. *Paris, L. Hachette*, 1841-42, 3 vol. in-8, demi-rel. dos et coins de v. f. fil. tr. jasp. (*Ottmann.*)

599. Études sur les tragiques grecs, par M. Patin. *Paris, L. Hachette*, 1858, 4 vol. in-12, demi-rel. v. f.

600. La Grèce tragique, chefs-d'œuvre d'Eschyle, de Sophocle et d'Euripide, traduits en vers par Léon Halévy. *Paris, Dauvin et Fontaine*, 1849-61, 3 vol. in-8, demi-rel. v. f. n. rog. (*A. Pajard.*)

601. Théâtre d'Eschyle, traduit en français, avec le texte grec, notes philologiques et deux discours critiques, par F.-G. de la Porte du Theil. *A Paris, de l'imprimerie de la République, an III*, 2 vol. in-8, front. gr. de Marillier et fig. gr. demi-rel. maroq. rouge à nerfs, tête jasp. n. rog. (*Kœhler.*)

Exemplaire en papier de Hollande. On y a joint une lettre de l'auteur.

602. Les Choéphores, tragédie d'Eschyle, traduite en vers français (avec le texte grec en regard),

par J. Puech. *Paris, Firm. Didot et Hachette*, 1836, in-8, demi-rel. dos et coins de maroq. rouge à nerfs, n. rog. (*Kœhler.*)

603. Prométhée enchaîné, tragédie d'Eschyle, traduite en vers français (avec le texte grec en regard), par J. Puech. *Paris, Firm. Didot et Hachette*, 1838, in-8, demi-rel. dos et coins de maroq. rouge à nerfs, n. rog. (*Kœhler.*)

604. L'Orestie, trilogie tragique d'Eschyle, traduite en vers par Paul Mesnard. *Paris, L. Hachette*, 1863, gr. in-8, demi-rel. maroq. rouge du Lev. tr. jasp.

605. Théâtre d'Eschyle, trad. d'Alexis Pierron. *Paris, Charpentier*, 1870, in-12, br. n. c.

606. Eschyle, par P.-L. Énault. *Caen*, 1851, grand in-8, dem.-percal. n. rog.

607. Sophoclis quæ exstant omnia, ed. Brunck. *Argentorati*, 1786, 2 vol. gr. in-4, demi-rel. mar. n. rog.

608. Études sur Aristophane, par Ém. Deschanel. *Paris, Hachette*, 1867. — Théâtre complet de Térence, traduit en vers, et comédies de Plaute, traduites en vers, par le marquis de Belloy. *Paris, Mich. Lévy fr.*, 1863-69, 2 vol. Ens. 3 vol. in-12, demi-rel. v. f. tr. jasp.

609. Essai historique et littéraire sur la comédie de Ménandre, avec le texte de la plus grande partie des fragments du poëte, par Ch. Benoît. *Paris, Firm. Didot fr.*, 1854, in-8. demi-rel. maroq. rouge, n. rog. (*Ottmann.*)

610. Ménandre, étude historique et littéraire sur la comédie et la société grecques, par Guill. Guizot. *Paris, Didier*, 1855, in-8, portr. demi-rel. maroq. rouge à nerfs, n. rog. (*Ottmann.*)

611. Études sur le théâtre latin, par Maurice Meyer. *Paris, Dezobry et Cie*, 1847, in-8, demi-rel. v. f.

612. Titi Macci Plauti Cistellariam recensuit variorumque notis illustravit E.-L. Benoist. *Lugduni, Ludovicus Perrin excudebat*, 1863, in-8. Eau-forte de Flameng, br. n. c.

613. P. Terentii Comœdiæ. *Birminghamiæ*, 1772, in-4, v. gr.

614. Les Comédies de Térence, avec la traduction et les remarques de Mme Dacier. *A Rotterdam, aux dépens de Gaspar Fritsch*, 1717, 3 vol. in-12, front. gr. et figures au trait, demi-rel. dos et coins de v. f. n. rog.

615. Les Comédies de Térence, traduction avec le texte latin et des notes, par l'abbé Lemonnier. *A Paris, chez Ant. Jombert père et fils*, 1771, 3 vol. in-8, front et fig. gr. de Cochin, demi-rel. veau ant. tr. jasp.

616. Études sur trois tragédies de Sénèque, imitées d'Euripide, par Aug. Widal. *Paris et Aix*, 1854, in-12, dem.-percal. n. rog.

617. Origines latines du théâtre moderne, publiées et annotées par M. Edélestand du Méril. *Paris, Franck*, 1849, gr. in-8, demi-rel. v. f. tr. jasp.

618. Théâtre de Hrotsvitha, religieuse allemande du xe siècle, traduit avec le texte latin, par Ch. Magnin. *Paris, Benj. Duprat*, 1845, in-8, demi-rel. dos et coins de chagr. rouge, n. rog. (*Kœhler.*)

619. Histoire du Théâtre français, depuis son origine jusqu'à présent, par les frères Parfaict. *Paris*, 1734-49, 15 vol. in-12, v. marbr.

620. Histoire philosophique et littéraire du théâtre français, depuis son origine jusqu'à nos jours, par Hipp. Lucas. *Bruxelles et Paris*, 1862-63, 3 vol. in-12, demi-rel. veau fauv.

621. Histoire comparée du théâtre et des mœurs en France, dès la formation de la langue, par

Onésime Leroy. *Paris, Hachette et Amyot*, 1844, in-8, demi-rel. dos et coins de maroq. rouge, tr. jasp. (*Kœhler.*)

622. Études historiques sur les clercs de la basoche, suivies de pièces justificatives, par Ad. Fabre. *Paris, Potier*, 1856, gr. in-8, figure, demi-rel. dos et coins de maroq. rouge, n. rog. (*Ottmann.*)

623. Théâtre français au moyen âge, publié d'après les manuscrits de la Bibliothèque du Roi, par MM. L.-J.-N. Monmerqué et Francisque Michel. *Paris, H. Delloye et Firm. Didot fr.*, 1839, in-4, texte à deux col. demi-rel. dos et coins de maroq. rouge, n. rog. (*Ottmann-Duplanil.*)

624. La Comédie en France au seizième siècle, par Em. Chasles. *Paris, Didier*, 1862, in-8, demi-rel. v. f. n. rog.

625. La Farce de maistre Pierre Pathelin, précédée d'un recueil de monuments de l'ancienne langue française, depuis son origine jusqu'à l'an 1500, par M. Geoffroy Château. *Paris, Amyot*, 1853, in-12, demi-rel. dos et coins de maroq. rouge foncé à nerfs, n. rog. (*Ottmann-Duplanil.*)

Exemplaire en papier de Hollande.

626. Maistre Pierre Patelin, texte revu sur les manuscrits et les plus anciennes éditions, avec une introduction et des notes, par E. Génin. *Paris, Chamerot*, 1854, demi-rel. dos et coins de maroq. rouge, tête dor. n. r. (*Kœhler.*)

627. Histoire de la Vie et des ouvrages de P. Corneille, par Jules Taschereau. *Paris, Alex. Mesnier*, 1829, in-8, demi-rel. v. ant. tr. marbr.

628. Histoire de la Vie et des ouvrages de P. Corneille, par J. Taschereau. *Paris, P. Jannet*, 1855, in-12, cart. n. rog.

629. Critique des tragédies de Corneille et de Racine, par Voltaire. Essai par B. Bonieux. *Paris, Ern. Thorin*, 1866, in-8, dem.-percal. n. r.

630. Lexique comparé de la langue de Corneille et de la langue du XVIIe siècle en général, par Fr. Godefroy. *Paris, Didier*, 1862, 2 vol. in-8, demi-rel. v. f. n. rog.

631. Corneille et son temps, étude littéraire, par M. Guizot. *Paris, Didier*, 1852, in-8, demi-rel. v. f. n. r. (*Kœhler.*)

632. Mémoires sur la vie de Jean Racine. *Lausanne et Genève, Marc-Michel Bousquet*, 1747, 2 vol. in-12, v. f.

633. Comparaison entre la Phèdre de Racine et celle d'Euripide, par A.-W. Schlegel. *Paris*, 1807, in-8, demi-rel. veau viol.

634. Les Ennemis de Racine au XVIIe siècle, par F. Deltour. *Paris*, 1859, in-8, demi-rel. v. f.

635. Histoire de la vie et des ouvrages de Molière, par J. Taschereau. *Paris, Ponthieu*, 1825, in-8, portrait de Deveria, demi-rel. v. ant. tr. marbr.

636. Notes historiques sur la vie de Molière, par A. Bazin. *Paris, Techener*, 1851, in-12, demi-rel. dos et coins de maroq. rouge, n. r. (*Kœhler.*)

637. Lexique comparé de la langue de Molière et des écrivains du XVIIe siècle, par F. Génin. *Paris, Firm. Didot*, 1846, in-8, demi-rel. dos et coins de maroq. bleu, tête jasp. n. r. (*Kœhler.*)

638. La Morale de Molière, par C.-J. Jeannel. *Paris, Ern. Thorin*, 1867, in-8, demi-rel. v. f.

639. Chefs-d'œuvre des auteurs comiques. *Paris, Firm. Didot fr.*, 1845-46, 8 vol. in-12, demi-rel. dos et coins de maroq. rouge, tête dor. n. rog. *Kœhler.*)

640. Œuvres complètes de Regnard. *Paris, P. Didot et Firm. Didot, an X* (1801), 5 vol. pet. in-12, portraits et fig. de Moreau le Jeune, demi-rel. dos et coins de maroq. vert myrte, dos orné, fil. n. r.

641. OEuvres choisies de Destouches. *Paris, L. de Bure*, 1826, 3 vol. pet. in-16, portr. demi-rel. dos et coins de veau gris, fil. tête dor. n. rog.

642. Théâtre complet de Beaumarchais, réimpression des éditions princeps, avec les variantes des manuscrits originaux, publié par G. d'Heylli et F. de Marescot. *Paris, Académie des bibliophiles*, 1869-71, 4 vol. in-8, demi-rel. dos et coins de v. f. à nerfs, fleurons, tête dor. n. rog. (*Petit, successeur de Simier.*)

643. Histoire du Théâtre français, depuis le commencement de la Révolution jusqu'à la réunion générale, par C.-G. Etienne et A. Martainville. *Paris, Barba, an X* (1802), 4 tomes en 2 vol. in-12, demi-rel. maroq. rouge du Lev. à nerfs, fleurons.

644. OEuvres de J.-F. Ducis. *Paris, L. de Bure*, 1824, 5 vol. — OEuvres posthumes de J.-F. Ducis. *Paris, L. de Bure*, 1826. Ens. 7 vol. pet. in-16, portrait, demi-rel. dos et coins de v. rose, fil. tête dor. n. rog.

645. Comédies historiques, par L.-Népomucène Lemercier. *Paris, Ambr. Dupont et Cie*, 1828, gr. in-8, pap. vergé, demi-rel. dos et coins de v. f. n. rogné.

646. Les Deux Gendres, comédie, par M. Étienne, et 35 pièces ou opuscules relatifs aux Deux Gendres, rel. en deux volumes in-8, fig. col. demi-rel. v. vert, n. rog.

647. La Ligue, scènes historiques, par L. Vitet. *Paris, Ch. Gosselin*, 1844, 2 vol. in-12, carte, demi-rel. v. rose. (*Kœhler.*)

648. Vitet (L.). Les États d'Orléans, scènes historiques. *Paris, Mich. Lévy*, 1862, en 2 vol. in-12, demi-rel. v. rose, et br.

649. Comédies historiques, par le comte de Rœderer. *Bruxelles, P. Méline*, 1833, in-16, demi-rel. v. f. tr. peigne.

650. OEuvres choisies de E. Scribe. *Paris, Firm. Didot fr.*, 1845, 5 vol. in-12, demi-rel. dos et coins de maroq. rouge à nerfs, tête dor. n. rog. (*Kœhler.*)

651. OEuvres dramatiques de Victor Hugo. *Paris, veuve Alex. Houssiaux*, 1864, 3 vol. in-8, fig. gr. demi-rel. dos et coins de v. f.

652. Le Connétable de Bourbon (1521-1527), drame, par Aug. Robert. *Paris, Comon*, 1849, in-12, br.

653. Vigny (le comte Alfred de). Théâtre. — Servitude et grandeur militaires. *Paris, Mich. Lévy fr.*, 1869-70, 2 vol. in-12, br. neuf.

654. Théâtre d'Émile Augier (coll. Hetzel et Lévy). *Paris*, 1856-57, 6 vol. in-16, demi-rel. dos et coins de v. f. dos orné, tête dor. non rog. (*Petit, succ. de Simier.*)

655. Théâtre de Fr. Ponsard. *Paris, Mich. Lévy*, 2 vol. in-12, demi-rel. v. f. n. rog. (*Ottmann-Duplanil.*)

Réunion en deux volumes des pièces séparées : Lucrèce, — Agnès de Méranie, — une Ode d'Horace, — Ulysse, — Charlotte Corday, — l'Honneur et l'Argent, — la Bourse.

656. Réflexions de Talma sur Lekain et l'art théâtral. *Paris, Aug. Fontaine*, 1856, pet. in-16, demi-rel. veau quadr. n. rog.

657. Indiscrétions et confidences, souvenirs de théâtre et de la littérature, par H. Audibert. *Paris, Dentu*, 1858, pet. in-18, demi-rel. v. quadr.

658. Les Souvenirs et les regrets d'un vieil amateur dramatique, ou Lettres d'un oncle à son neveu sur l'ancien Théâtre-Français, ouvrage orné de gravures coloriées représentant en pied, d'après les miniatures originales de Foëch de Basle et de Whirsker, ces différents acteurs dans les rôles

où ils ont excellé. *Paris*, *Alph. Leclère*, 1861, pet. in-8, demi-rel. maroq. rouge foncé à nerfs, tête dor. n. rog.

Exemplaire sur papier de Chine.

659. Théâtre européen, nouvelle collection des chefs-d'œuvre des théâtres allemand, anglais, hollandais, italien, polonais, russe, suédois, etc., avec des notices et des notes. *Paris, Ed. Guérin*, 1835, 2 vol. pet. in-4, texte à deux col., demi-rel. dos et coins de mar. rouge. (*Kœhler.*)

660. Teatro Italiano antico. *Milano, Francesco Fusi e. c., editori de' classisi italiani*. 1808-12, 10 vol. in-8, portraits, demi-rel. dos et coins de maroq. vert clair, tête jasp. non rogné. (*Sarazin.*)

661. Pastor fido di Guarini (*Bodoni*). *Crisopoli*, 1793, in-4, demi-rel. mar.

662. Fr. von Schack. Geschichte der dramatischen Literatur und Kunst in Spanien. *Berlin*, 1845, 3 vol. gr. in-8, demi-rel. mar., n. rogn.

663. Œuvres dramatiques de Calderon, traduction de M. Ant. de Latour, *Paris, Didier*, 1871-73, 2 vol. in-8, br. neuf, n. c.

664. Théâtre de Tirso de Molina, traduit de l'espagnol en français par Alph. Royer. *Paris, Michel Lévy*, 1863, gr. in-12, demi-rel. dos et coins de v. f. fil. n. rog.

665. Théâtre d'Alarcon, traduit de l'espagnol par Alph. Royer. *Paris, Mich. Lévy*, 1865. — Théâtre de Michel Cervantes, traduit de l'espagnol. *Paris, Mich. Lévy*, 1862. Ens. 2 ouvr. in-12, demi-rel. v. f. n. rog.

666. Œuvres complètes de Shakespeare, traduites par Emile Montégut. *Paris, Hachette et Cie*, 1867-73, 10 vol. in-12, br. n. c.

667. Shakspeare et son temps, étude de littérature, par M. Guizot. *Paris, Didier*, 1852, in-8, demi-rel. v. f. n. r. (*Kœhler.*)

668. Shakespeare, von C.-G. Gervinus. *Leipzig, Verlag von Vilhelm Engelmann*, 1850, 4 vol. pet. in-8, demi-rel. v. f. n. rog.

669. Shakspeare, ses œuvres et ses critiques, par A. Mézières. *Paris, Charpentier*, 1855, in-12, br. n. c.

670. Schillers sämmtliche Werke. *Carlsruhe*, 1823, 18 vol. pet. in-8, demi-rel. v. ant.

671. Holberg, considéré comme imitateur de Molière, par A. Lagrelle, *Paris, Hachette*, 1864, in-8, demi-rel. v. f. tr. jasp.

672. Faust de Goëthe, suivi du second Faust, choix de ballades et poésies, traduits par Gérard. *Paris, Ch. Gosselin*, 1840, in-12, demi-rel. dos et coins de mar. rouge, fil. tr. peig.

6. ROMANS.

673. Histoire du roman et de ses rapports avec l'histoire dans l'antiquité grecque et latine, par A. Chassang. *Paris, Didier*, 1862, in-8, demi-rel. v. f. tête jasp. n. r.

674. Collection de romans grecs, traduits en français avec des notes par MM. Courier, Larcher et autres hellénistes. *Paris, J.-S. Merlin*, 1822-25, 12 vol. pet. in-16, fig. gr. demi-rel. v. f. tête jasp. n. rog. (*Kœhler.*)

Théagènes et Chariclée, 4 vol. — Aventures d'amour de Parthénius, 1 vol. — Chéréas et Callirrhoë, 2 vol. — La Luciade, 1 vol. — Rhodante et Dosiclès, 1 vol. — Hysminé et Hysminias, 1 vol. — Habrocome et Antia, 1 vol. — Pastorales de Longus, 1 vol.

675. Daphnis et Chloé, ou les Pastorales de Longus, traduites du grec par J. Amyot. *Paris, Leclère*, 1863, pet. in-8, pap. vergé, front. et vig. gr. titre

rouge et noir, demi-rel. dos et coins de mar. rouge, dos fleurons et à nerfs, tête dor. n. rog.

676. Éloge de la Folie, d'Érasme, traduit par Victor Develay et accompagné des dessins de Hans Holbein. *Paris, libr. des biblioph.*, 1872, gr. in-8, titre rouge et noir, br. neuf.

677. Les OEvvres de maistre François Rabelais, par Ch. Marty-Lavaux. — Eaux-fortes de Rabelais, dessinées par Bracquemond. *Paris*, *Alph. Lemerre*, 1868-73, 3 vol. pet. in-8, br.

Le tome premier est divisé en deux parties.

678. Recherches sur les éditions originales des cinq livres de Rabelais, par J.-C. Brunet. *Paris*, *Potier*, 1852, in-8, demi-rel. dos et coins de mar. rouge, n. r.

679. Les Aventures du baron de Fœneste, par Théodore Agrippa d'Aubigné; nouvelle édition, publiée par M. Prosper Mérimée. *Paris*, *P. Jannet*, 1855, pet. in-12, demi-rel. dos et coins mar. rouge jans. n. r. (*Kœhler.*)

680. OEuvres choisies de Ch. Perrault, avec les mémoires de l'auteur et des recherches sur les contes des fées, par M. Collin de Plancy. *Paris*, 1826, portr. gr. in-8, demi-rel. chagr. rouge, fleur. tr. marb.

681. Lettres sur les contes de fées attribués à Perrault, et sur l'origine de la féerie (par Walckenaer). *Paris*, *impr. de J. Didot*, *impr. du Roi*, 1826, in-12, demi-rel. chagr. rouge.

682. OEuvres du comte Antoine Hamilton. *Paris, Aug. Renouard,* 1812, 3 vol. in-8, portraits, pap. vergé, demi-rel. dos et coins de v. f. tête jasp. n. rog.

683. Mémoires du comte de Grammont, par A. Hamilton, avec des notes historiques par A. le Sourd. *Paris*, *Werdet et Lequien,* 1826, 2 vol. in-16,

figures, demi-rel. dos et coins de v. bleu fil. tête dor. non rog.

684. Mémoires de Hollande, histoire particulière en forme de roman, par Mme la comtesse de la Fayette, publiée avec des notes par T. Barbier. *Paris, J. Techener*, 1856, portraits sur chine, pet. in-12, demi-rel. dos et coins de mar. rouge à nerfs, tête dor. n. rog. (*Ottmann-Duplanil.*)

685. OEuvres complètes de mesdames de la Fayette, de Tencin et de Fontaine, avec des notices historiques et littéraires par M. Auger. *Paris, veuve Lepetit*, 1820, 4 vol. in-8, fig. au trait gr. et sur chine, demi-rel. dos et coins de v. ant. tr. jasp. (*Ottmann.*)

686. Histoire de madame la comtesse des Barres, attr. à madame la marquise de Lambert. *A Bruxelles, chez F. Foppens*, 1736, pet. in-12, demi-rel. dos et coins mar. citr. tr. peig.

687. Histoire de Gil-Blas de Santillane, par le Sage, avec des notes historiques et littéraires par le comte Fr. de Neufchâteau. *Paris, Lefèvre*, 1825, 3 vol. in-8, portraits, demi-rel. dos et coins de maroq. rouge, dos orné, fil. tête dor. n. rog. (*Lebrun.*)

688. Denis Diderot. Le Neveu de Rameau, nouvelle édition, publ. par Ch. Asselineau. *Paris, Poulet-Malassis*, 1862, in-12, cart. perc. non rogn. (*Pierson.*)

689. Voyage de Paris à Saint-Cloud par mer, et retour de Saint-Cloud à Paris par terre. *Paris, chez la veuve Duchesne*, 1787, 2 parties en 1 vol. pet. in-8, demi-rel. dos et coins de mar. bleu à nerfs et à petits fers, fil. tête dor. n. rog. (*Capé.*)

Une carte est annoncée, mais elle ne s'y trouve pas.

690. Paul et Virginie, par J.-H. Bernardin de Saint-

Pierre. *A Paris, impr. de P. Didot l'aîné*, 1806, in-fol. portr. et garv. cart. n. rog.

691. Du Roman et du Théâtre contemporains et de leur influence sur les mœurs, par Eug. Poitou. *Paris, Aug. Durand*, 1857, in-8, demi-rel. dos et coins de mar. r. non rog. (*Kœhler.*)

692. Napoléon apocryphe; histoire de la conquête du monde et de la monarchie universelle, par L. Geoffroy. *Paris, Paulin*, 1841, in-8, demi-rel. v. f. (*Kœhler.*)

693. Franciscus Columna. Dernière nouvelle de Charles Nodier, extraite du Bulletin de l'ami des arts, et précédée d'une notice par J. Janin. *Paris*, 1844, in-12, portr., demi-rel. dos et coins de maroq. rouge, dos orné, tête dor. non rogné (*Kœhler.*)

694. Roland, ou la Chevalerie, par E.-J. Delécluze. *Paris, Jules Labitte*, 1845, 2 vol. in-8, demi-rel. v. f. tête jasp. n. rog. (*Kœhler.*)

695. Reybaud (Louis). Jérôme Paturot à la recherche d'une position sociale. *Paris, Paulin*, 1844, 1 vol. — Jérôme Paturot à la recherce de la meilleure des républiques, *Paris, Mich. Lévy*, 1848-49, 4 tomes en 2 vol. Ens. 3 vol. in-12, demi-rel. veau rose, tr. jasp.

696. Sandeau (OEuvres de Jules). Madeleine. *Paris, Charpentier*, 1849. — Nouvelles. *Mich. Lévy fr.*, 1851. — Catherine. *Paris, Mich. Lévy fr.*, 1851. — Mariana. *Paris, Charpentier*, 1851, 4 ouvr. en 2 vol. in-12, demi-rel. veau bleu, non rog. (*Kœhler.*)

697. Les Aventures de maître Renard et d'Ysengrin son compère, par A.-Paulin Paris. *Paris, J. Techener*, 1861, in-12, cart., demi-rel. dos et coins de v. f. à nerfs, fil., tête dor. non rog. (*Petit, succ. de Simier.*)

698. Mérimée (Prosper). Histoire de don Pèdre, roi de Castille. *Paris*, *Charpentier*, 1865. — Les Cosaques d'autrefois. *Paris*, *Mich. Lévy fr.*, 1865. Ens. 2 ouvr. in-12, demi-rel. v. f. tr. peign.

699. OEuvres de H. de Balzac. *Paris*, *Charpentier*, 1838-52, 17 vol. in-12, demi-rel. dos et coins de maroq. rouge foncé, fil., tête dor. non rogn. rel. fraîche.

Physiologie du mariage, — le Lys dans la vallée, — la Recherche de l'absolu,— Eugénie Grandet,— César Birotteau,— le Père Goriot,— le Médecin de campagne, — la Peau de chagrin, — Scènes de la vie privée, — Scènes de la vie de province, — Scènes de la vie parisienne, — Histoire des Treize, — Louis Lambert et la dernière incarnation de Vautrin.

700. Les Contes drolatiques de Balzac, illustrés de 425 dessins de Gustave Doré. *Paris* (*Dutacq*), 1855, in-8, demi-rel. dos et coins de mar. rouge, tête dor. n. rog.

701. Michel de Cervantes, sa vie, son temps, son œuvre politique et littéraire, par Em. Chasles. *Paris*, *Didier*, 1866, in-8, demi-rel. dos et coins de v. f. tr. peign.

702. Lettres de Junius, traduction de l'anglais par J.-T. Parisot. *Paris*, *Pichon et Didier*, 1828, 2 vol. in-8, demi-rel. v. ant. tr. jasp.

Exemplaire provenant de la bibliothèque du château d'Eu; sur le dos l'on remarque les initiales couronnées du roi Louis-Philippe.

703. La Vie et les aventures surprenantes de Robinson Crusoë. *Londres* (*Cazin*), 1784, 4 vol. pet. in-16, gravures de Bernard Picart, veau porph. fil. tr. dor.

704. Voyages de Gulliver. *Paris*, *A. Leclère*, 1860, 2 vol. in-12, demi-rel. dos et coins de maroq. rouge jans. tête dor. n. rog. (*Ottmann-Duplanil.*)

Front. et figures gravées par J. Masquelier. Exemplaire en grand papier.

705. Tom Jones, ou Histoire d'un enfant trouvé, par Fielding, traduction ornée de douze gravures. *Paris*, *F. Didot fr.*, 1833, 4 vol. in-8, demi-

rel. dos et coins de maroq. rouge fil. tr. dor. non rog.

706. Voyage sentimental de Sterne, suivi des lettres d'Yorick à Elisa, traduction nouvelle par Paulin Crassous. *Paris, P. Didot, an IX* (1801), 2 vol. in-16, demi-rel. maroq. viol. dos à nerfs.

707. OEuvres de Walter-Scott, traduction Defauconpret. *Paris, Furne-Pagnerre-Perrotin*, 1848-51, 25 vol. gr. in-8, demi-rel. veau bleu. *Figures sur acier.*

708. Les Contes de Ch. Dickens, traduits de l'anglais par Am. Pichot. *Paris, Amyot*, 1847, 2 vol. in-12, demi-rel. veau rose.

709. OEuvres de J.-F. Cooper, traduites par A.-J.-B. Defauconpret. *Paris, Furne et Cie, Ch. Gosselin*, 1839-52, 30 vol. in-8, portr. et fig. demi-rel. veau vert foncé (*Kœhler.*)

710. Fabiola, ou l'Église des catacombes, par Son Em. le cardinal Wiseman, traduit de l'anglais par Fr.-Pascal Marie. *Paris et Tournai*, 1859, in-12, lettre fac-simile, demi-rel. mar. rouge jans. n. r. (*A Pajard.*)

711. Les Souffrances du jeune Werther, par Goëthe, traduction nouvelle, ornée de trois figures en taille-douce. *A Paris, de l'impr. de P. Didot l'aîné*, 1809, in-8, demi-rel. dos et coins de maroq. rouge, dos à nerfs et fleurons, tête dor. non rog.

712. Contes fantastiques de Hoffmann, traduction nouvelle par P. Christian. *Paris, Lavigne*, 1843, gr. in-8, fig. et vign. interc. dans le texte, demi-rel. mar. rouge du Lev. jans. à nerfs, tête dor. n. rog. (*David.*)

713. OEuvres de E.-E.-A. Hoffmann, traduites de l'allemand par Loève-Veimar, publiées par Eug. Renduel. *Paris, Garnier fr.*, 1843, 2 vol. in-12, demi-rel. chagr. vert myrte, tr. peig.

714. Tieck's Gesammelte Novellen. *Breslau*, 1838-42, 14 tomes en 7 vol. in-12, demi-rel. mar. bl.

715. Musæus. Contes populaires de l'Allemagne, traduits par A. Cerfberr de Mendelsheim, édition illustrée de 300 vignettes allemandes. *Paris, Gust. Havard*, 1846, 2 vol. in-12 carré, demi-reliure, dos et coins de maroq. rouge, tête dor. non rog.

7. PHILOLOGIE, FACÉTIES.

716. Éléments de littérature, par Marmontel. *Paris, F. Didot*, 1846, 3 vol. in-12, demi-rel. v. f. tête jasp. n. rog. (*Kœhler.*)

717. La Harpe. Cours de littérature ancienne et moderne, suivi du Tableau de la littérature au XIXe siècle, par Chénier. *Paris, F. Didot fr.*, 1851, 3 vol. in-4, texte à deux col., demi-rel. dos et coins de v. f. n. rog. (*Kœhler.*)

718. Parallèle des anciens et des modernes, en ce qui regarde les arts et les sciences, avec le poëme du Siècle de Louis le Grand, et une épistre en vers sur le Génie, par M. Perrault. *Paris, J.-B. Coignard*, 1688-96, 4 vol. in-12, demi-rel. dos et coins de v. bl. tr. rouge.

719. Essai sur l'histoire de la critique chez les Grecs, suivi de la Poétique d'Aristote et d'extraits de ses Problèmes, avec traduction française et commentaire, par E. Egger. *Paris, Durand*, 1849, in-8 demi-rel. v. f. n. rog. (*Kœhler.*)

720. Mémoires d'histoire ancienne et de philologie, par E. Egger. *Paris, Aug. Durand*, 1863, in-8, planches, demi-rel. v. f. tr. jasp.

721. Mémoires de littérature ancienne, par E. Egger. *Paris, Aug. Durand*, 1862, in-8, demi-rel. v. f. tr. jasp.

722. Singularités historiques et littéraires (par dom Liron). *Paris, chez Didot*, 1738-40, 4 vol. in-12, v. marbr.

723. Nouveaux Mémoires d'histoire, de critique et de littérature, par l'abbé d'Artigny. *Paris, chez de Bure l'aîné*, 1749-56, 7 vol. in-12, v. marbr. tr. marbr.

724. Mémoires historiques, littéraires, politiques, anecdotiques et critiques de Bachaumont, par J.-E. M*** (1762-87). *Paris, Léopold Colin*, 1809, 3 vol. in-8, demi-rel. dos et coins de mar. rouge tr. marbr.

725. Mémoires secrets de Bachaumont, de 1762 à 1787; nouvelle édition, publiée par J. Ravenel. *Paris*, 1830, 4 vol. in-8, demi-rel. veau vert, tr. jasp. (*Lebrun.*)

726. Correspondance littéraire, philosophique et critique de Grimm et de Diderot, depuis 1753 jusqu'à 1790. *Paris, Furne et Ladrange*, 1829-31, 15 vol. — Correspondance inédite de Grimm et de Diderot, et recueil de lettres, poésies, morceaux et fragments retranchés par la censure impériale en 1812 et 1813. *Paris, Fournier*, 1829. Ensemble 16 vol. in-8, demi-rel. dos et coins de maroq. rouge, dos fleurons fil. tête dor. n. rog.

727. Correspondance secrète, politique et littéraire, ou mémoires pour servir à l'histoire des cours, des sociétés et de la littérature en France, depuis la mort de Louis XV (par Métra). *Londres*, 1787-90, 18 vol. pet. in-8, demi-rel. veau vert, n. rog.

728. Mélanges de critique et de philologie, par S. Chardon de la Rochette. *Paris, d'Hautel*, 1812, 3 vol. in-8, demi-rel. v. ant. tr. marbr.

729. J.-S. Boissonade. Critique littéraire sous le premier empire, publiée par J. Colincamp, précédée d'une notice historique sur M. Boissonade

par M. Naudet. *Paris, Didier*, 1863, 2 vol. in-8, portrait, demi-rel. maroq. vert myrte, tête jasp. non rog.

730. Essais littéraires et historiques, par A.-W. de Schlegel. *Bonn*, 1842, in-8, demi-rel. dos et coins de v. f. n. rog. (*Kœhler.*)

731. Nouveaux Souvenirs et portraits, par Ch. Nodier. *Paris, Magen et Comon*, 1841, in-8, pap. vergé, demi-rel. dos et coins de v. f.

Dans cet ouvrage se trouvent des Études sur Charlotte Corday, Saint-Just Pichegru, Réal et Fouché.

732. Études diplomatiques et littéraires, par Alexis de Saint-Priest. *Paris, Amyot, s. d.*, 2 vol. in-8, demi-rel. v. f. n. rog. (*Kœhler.*)

733. De Barante. Études littéraires et historiques.— Etudes historiques et biographiques. *Paris, Didier et C*[ie], 1858-59, 4 vol. in-12, demi-rel. chagr. vert myrte, tr. peig.

734. Causeries et méditations historiques et littéraires, par M. Ch. Magnin. *Paris, Benj. Duprat*, 1843, 2 vol. in-8, pap. vergé, demi-rel. mar. vert myrte.

735. Essais de littérature et de morale, par Saint-Marc Girardin. *Paris, Charpentier*, 1853, 2 vol. in-12, demi-rel. v. f. n. rog. (*Kœhler.*)

736. Études sur la Renaissance, et études de critique littéraire, par D. Nisard. *Paris, Mich. Lévy frères*, 1855-58, 2 vol. in-12, demi-rel. v. f.

737. Études de critique ancienne et moderne, par Maurice Mayer. *Paris, F. Didot fr.*, 1850, in-8, dem.-rel. veau gris.

738. Souvenirs contemporains d'histoire et de littérature, par Villemain. *Paris, Didier*, 1854-55, 2 vol. in-8, dos et coins de maroq. rouge, n. rog. (*Ottmann.*)

739. Variétés littéraires, morales et historiques, par M. S. de Sacy. *Paris*, *Didier*, 1858, 2 vol. in-8, demi-rel. v. f. tr. jasp.

740. Études littéraires sur les écrivains français de la réformation, par A. Sayous. *Paris*, *Cherbuliez*, 1854, 2 vol. in-12, br. n. c.

741. Études littéraires, par Charles Labitte, avec une notice par M. Sainte-Beuve. *Paris*, *Joubert*, *s. d.*, 2 vol. in-8, demi-rel. dos et coins de v. f. tr. peig. (*Ottmann.*)

742. Portraits et notices historiques et littéraires, par M. Mignet, *Paris*, *Didier*, 1852-64, 3 vol. in-8, demi-rel. v. f. n. rog.

743. Portraits littéraires, par Gustave Planche. *Paris*, *Charpentier*, 1853, 2 tomes en 1 vol. in-12, demi-rel. v. viol. n. rog.

744. Sainte-Beuve (C.-A.). Portraits contemporains. *Paris*, *Didier*, 1846, 3 vol. — Portraits littéraires, *Paris*, *Didier*, 1844, 2 vol. — Portraits de femmes. *Paris*, *Didier*, 1845, 1 vol. — Derniers portraits, *Paris*, *Didier*, 1852, 1 vol. Ens. 7 vol. in-12, demi-rel. v. f. tr. jasp. (*Kœhler.*)

745. Causeries du Lundi, par C.-A. Sainte-Beuve. *Paris*, *Garnier fr.*, 1852-62, 15 vol. in-12, demi-rel. v. f. (*Kœhler.*)

746. Les Nouveaux Lundis, par C.-A. Sainte-Beuve. *Paris*, *Mich. Lévy fr.*, 1864-72, 13 vol. in-12, brochés.

747. Œuvres complètes de H. Rigault, précédées d'une notice biographique et littéraire, par M. Saint-Marc Girardin. *Paris*, *L. Hachette*, 1859, 4 vol. in-8, demi-rel. veau f. non rog. (*A. Pajard.*)

748. Proverbes et dictons, avec les dits du mercier et des marchands, et les crieries de Paris aux XIIIe et XIVe siècles, publiés par Crapelet. *Paris*,

Crapelet, 1831, pet. in-4, demi-rel. dos et coins de mar. rouge, tête dor. n. rog. (*Kœhler.*)

749. Histoire générale des proverbes, adages, sentences, apophthegmes des peuples anciens et modernes, par C. de Méry. *Paris*, *Delonchamps*, 1828-29, 3 vol. in-8, demi-rel. chagr. rouge.

750. Études historiques, littéraires et morales sur les proverbes français et le langage proverbial, par M. Quitard. *Paris*, *Techener*, 1860, in-8, demi-rel. v. f. n. rog.

751. Menagiana, ou les bons mots, et remarques critiques, historiques, morales et d'érudition de M. Ménage, recueillies par ses amis. *Paris, Florentin Delaulne*, 1715, 4 vol. in-12, demi-rel. dos et coins de v. f. fil. à froid, tr. rouge (*Petit*, *successeur de Simier.*)

Bel exemplaire.

752. Les Colloques d'Érasme, nouvelle traduction par M. Gueudeville, avec des notes et des figures très-ingénieuses. *A Leide*, 1720, 6 parties reliées en 4 vol. in-12, demi-rel. dos et coins de veau ant. tr. rouge.

753. Les Caquets de l'accouchée, nouvelle édition, publiée par M. Ed. Fournier, avec une introduction par Le Roux de Lincy. *Paris, P. Jannet*, 1855, in-12, demi-rel. dos et coins de maroq. rouge, jans. n. r. (*Kœhler.*)

754. Le Chef-d'œuvre d'un inconnu, poëme heureusement découvert et mis au jour, avec des remarques savantes et recherchées, par M. le docteur Chrysostome Matanasius (Themiseul de Sainte-Hyacinte). *A la Haye*, *chez P. Husson*, 1744, 2 vol. in-12, port. v. f. fil. dent tr. dor. (*Anc. rel.*)

755. Code des gens honnêtes, par M. de Balzac. *Paris*, *libr. nouv.*, 1854, in-16, demi-percal. n. rog.

756. Timon (de Cormenin). Le Livre des orateurs. *Paris, Pagnerre*, 1847, 2 vol. — Entretiens de village, illustrés de 40 gravures. *Paris, Pagnerre*, 1847, 1 vol. Ens. 3 vol. in-12, demi-rel. dos et coins de maroq. rouge, n. r. (*Kœhler.*)

8. ÉPISTOLAIRES.

757. Lettres de Synésius, traduites pour la première fois, et suivies d'études sur les derniers moments de l'hellénisme, par E. Lapatz. *Paris, Didier*, 1870, in-8, br. neuf. n. c.

758. Lettres d'Abailard et d'Héloïse, traduites sur les manuscrits de la Bibliothèque royale, par E. Oddoul; édition ill. par J. Gigoux. *Paris, F. Houdaille*, 1839, 2 vol. gr. in-8, demi-rel. dos et coins de maroq. rouge à nerfs, tête dor. n. rog.

759. Lettres inédites de Michel de Montaigne et de quelques autres personnages, pour servir à l'histoire du XVIe siècle, publiées par F. de Conches. *Paris, H. Plon*, 1863, gr. in-8, demi-rel. maroq. rouge.

Ouvrage tiré seulement à 240 exemplaires.

760. Lettres de Mme de Sévigné, avec les notes de tous les commentateurs. *Paris, Lefèvre*, 1843, 6 vol. in-8, portraits de Deveria, demi-rel. dos et coins de maroq. vert, fil. tête jasp. n. rog. (*Ottmann.*)

761. Lettres de Marie de Rabutin-Chantal, marquise de Sévigné, à sa fille et à ses amis, édition publiée par M. Silvestre de Sacy. *Paris, Techener*, 1861, 11 vol. in-12, demi-rel. dos et coins de veau f. nerfs et fleurons, fil. tête dor. n. rog.

762. Histoire de Mme de Sévigné, de sa famille et de ses amis, par J.-Ad. Aubenas. *Paris, Allouard*, 1842, in-8, demi-rel. v. f. tr. jasp.

763. Lettres de Ninon de Lenclos au marquis de Sévigné, avec sa vie. *Paris, chez Bleuet, an VI* (1798), 2 vol. pet. in-12, portraits, demi-rel. dos et coins de maroq. rouge à nerfs et fleurons, tête dor. n. rog. (*Ottmann-Duplanil.*)

764. Correspondance générale de Mme de Maintenon, publiée par Théophile Lavallée. *Paris, Charpentier*, 1865, 2 vol. in-12, br. n. c.

765. Lettres de Gui Patin, nouvelle édition, augmentée de lettres inédites, précédée d'une notice biographique, par J.-H. Réveillé-Parise. *Paris, J.-B. Baillière*, 1846, 3 vol. in-8, portr. gr. demi-rel. dor. et coins de maroq. rouge, tête jasp. n. rog.

766. Collection de lettres de Nicolas Poussin. *Paris, impr. de Firm. Didot*, 1824, gr. in-8, demi-rel. v. f. à nerfs.

767. Lettres de Mlle Aïssé à Mme Gallandrini, publiées par M. J. Ravenel, avec notice par M. de Sainte-Beuve. *Paris, Lecou*, 1846, in-12, portrait, demi-rel. dos et coins de maroq. rouge, n. rog. (*Kœhler.*)

768. Lettres de Mlle de Lespinasse, écrites depuis l'année 1773 jusqu'en 1776; suivies de deux chapitres dans le genre du Voyage sentimental de Sterne, par le même auteur. *Paris, Léopold Collin*, 1809, 2 vol. in-8, demi-rel. v. f.

769. Nouvelles Lettres de Mlle de Lespinasse, suivies du portrait de M. de Mora, et d'autres opuscules inédits du même auteur. *Paris, Maradan*, 1820, in-8, demi-rel. v. f.

770. Correspondance inédite de Massillon, évêque de Clermont, publiée par l'abbé T.-A. Blampignon. *Bar-le-Duc*, 1869, petit in-12 carré, dos et coins de v. f. fil. tr. peig.

771. **De la Correspondance de Fléchier avec madame**

Deshoulières et sa fille, par A. Fabre. *Paris*, *Didier et Cie*, 1871, in-8, demi-rel. v. f.

772. Lettres de l'abbé Lebeuf, publiées par la Société des sciences historiques et naturelles de l'Yonne, sous la direction de MM. Quantin et Chérest. *Auxerre*, 1866-67, 2 vol. in-8, demi-rel. dos et coins de maroq. rouge, tr. peigne.

773. Lettres de la marquise du Deffand à Horace Walpole, précédées d'une notice sur madame du Deffand, par M. Ad. Thiers. *Paris*, *Firm. Didot*, 1864, 2 vol. in-12, demi-rel. v. f. n. rog.

774. Lettres autographes de Mme Roland, adressées à Bancal-des-Issarts, membre de la Convention, publiées par Mme Henriette Bancal-des-Issarts, et précédées d'une introduction par Sainte-Beuve. *Paris*, *Renduel*, 1835, in-8, demi-rel. v. f.

775. Lettres inédites de Mme Roland, adressées aux demoiselles Cannet, de 1772 à 1780, publiées par Aug. Breuil. *Paris*, *W. Coquebert*, 1841, 2 vol. in-8, demi-rel. v f. tr. jasp.

776. Correspondance de V. Jacquemond avec sa famille et plusieurs de ses amis, pendant son voyage dans l'Inde. *Paris*, *Garnier fr.*, 1846, 2 vol. in-12, carte, demi-rel. veau rose. (*Kœhler.*)

777. Lettres de Silvio Pellico, traduction de M. Ant. de Latour. *Paris*, *Dentu*, 1857, in-12, portr. sur chine, demi-rel. maroq. rouge, à nerfs. n. rog.

778. Correspondance entre Gœthe et Schiller, traduction de Mme la baronne de Carlowitz, publiée par M. Saint-René Taillandier. *Paris*, *Charpentier*, 1863, 2 vol. in-12, demi-rel. v. f.

9. POLYGRAPHES.

779. OEuvres de Lucien, traduites du grec, avec des remarques historiques et critiques sur le texte de

cet auteur, et la collation de six manuscrits de la Biblioth. du Roi. *Paris, chez J.-Fr. Bastien*, 1789, 6 vol. in-8, portrait, veau porph. dent. tr. marbr.

780. OEuvres complètes de Lucien de Samosate, traduction nouvelle, avec une introduction et des notes, par Eug. Talbot. *Paris, L. Hachette,* 1857, 2 vol. in-12, demi-rel. v. f. n. rog. (*Gardien.*)

781. OEuvres complètes de M. T. Cicéron, publiées en français avec le texte en regard, par Jos.-Vict. Le Clerc. *Paris, Werdet et Lequien*, 1827, 36 vol. in-12, pap. vergé, demi-rel. dos et coins de maroq. rouge à nerfs, tête jasp. n. rog. (*Kœhler.*)

782. Histoire de Cicéron tirée de ses écrits et des monuments de son siècle. *Paris, chez Didot, quai des Augustins, à la Bible d'or*, 1743-44, 5 vol. in-12, front. de Cochin, v. ant.

Exemplaire de la princesse de Turenne, née princesse de Lorraine.

783. OEuvres complètes de l'empereur Julien, précédées d'une étude sur Julien, par Eug. Talbot. *Paris, Plon*, 1863, in-8, portrait, demi-rel. v. f. tr. jasp.

784. OEuvres choisies d'Étienne Pasquier, accompagnées de notes et d'une étude sur sa vie et ses ouvrages, par Léon Feugère. *Paris, Firm. Didot*, 1849, 2 vol. in-12, demi-rel. dos et coins de maroq. rouge, n. rog. (*Kœhler.*)

785. Les OEuvres d'Estienne Pasquier, conseiller et advocat général du roy en la chambre des comptes de Paris, et les lettres de Nicolas Pasquier, fils d'Estienne. *A Amsterdam, aux dépens de la compagnie des libraires associez*, 1723, 2 vol. in-fol. portrait, veau fil. à fr. dent. int. tr. rouge. (*Kœhler.*)

786. OEuvres de Voiture; lettres et poésies; nouvelle édition, par M. A. Ubicini. *Paris, Charpentier*, 1855, 5 vol. in-12, demi-rel. v. f. (*Ottmann-Duplanil.*)

787. Œuvres de J.-J. de Guez, sieur de Balzac, publiées sur les anciennes éditions, par L. Moreau. *Paris, J. Lecoffre et Cie*, 1854, 2 vol. in-12, demi-rel. v. f. n. rog. (*Ottmann-Duplanil.*)

788. Maucroix. Œuvres diverses, publiées par Louis Paris. *Paris, F. Techener*, 1854, 2 vol. in-12, demi-rel. dos et coins de maroq. rouge foncé, n. rog. (*Kœhler.*).

789. Œuvres diverses de Fénelon : dialogue sur l'éloquence, discours sur le sacre de l'électeur de Cologne, sermon sur la vocation des gentils, examen de conscience sur les devoirs de la royauté, aventures d'Aristonoüs, etc. *Paris, Lefèvre*, 1824, in-8, demi-rel. rel. v. f. dos orné, tr. peign. (*E. Niedrée.*)

790. Œuvres de l'abbé Fleury, précédées d'un Essai sur sa vie et ses ouvrages, par M. Aimé-Martin. *Paris, Lefèvre,* 1844, 2 vol. in-12, demi-rel. v. f.

791. Œuvres mêlées de Saint-Evremond, publiés par Ch. Giraud. *Paris, Léon Techener,* 1865, 3 vol. in-12, demi-rel. dos et coins de v. f. fil. tête dor. n. rog. (*Petit, successeur de Simier.*)

792. Œuvres de Fontenelle. *Paris, Belin*, 1818, 3 vol. in-8, rel. veau ant. tr. marb.

793. Mémoires pour servir à l'histoire de la vie et des ouvrages de M. de Fontenelle, tirés du Mercure de France, par l'abbé Trublet. *Amsterdam*, 1759, pet. in-8, demi-rel. v. f. tr. peign. (*Ottmann-Duplanil.*)

794. Œuvres de Montesquieu. *A Paris, chez Plassan, Bernard et Grégoire, l'an IV* (1796), 5 vol. in-4, gr. pap. vélin, portr. fig. et cartes, demi-rel. dos et coins de maroq. rouge, tête dor. n. rog. (*Kœhler.*)

795. Mémoires. correspondance et ouvrages inédits de Diderot. *Paris, Garnier fr.*, 1842, 2 vol. in-12, v. f. (*Kœhler.*)

796. OEuvres de d'Alembert. *Paris*, *Belin et Bossange*, 1821-22, 5 vol. in-8, demi-rel. v. ant. (*Kœhler.*)

797. OEuvres de Chamfort, précédées d'une étude sur sa vie et son esprit, par Arsène Houssaye. *Paris*, *A. Delahays*, 1857, in-12, demi-rel. v. f. (*A. Pajard.*)

798. OEuvres du prince de Ligne, précédées d'une introduction, par Alb. Lacroix. *Bruxelles et Genève,* 1860, 4 vol. in-8, demi-rel. v. f.

799. De Staël (Mme). Delphine, édition publiée par Sainte-Beuve. *Paris*, *Charpentier*, 1839, in-12. — Corinne, ou l'Italie. *Paris*, *Charpentier*, 1840, in-12. — De la Littérature, suivi de l'Influence des passions. *Paris, Charpentier*, 1842, in-12. — Considérations sur les principaux événements de la révolution française. *Paris*, *Charpentier*, 1835, in-12. Ens. 4 vol. in-12, demi-rel. veau rose. (*Kœhler.*)

800. OEuvres complètes de Jacques-Henri Bernardin de Saint-Pierre, mises en ordre et précédées de la vie de l'auteur, par L. Aimé-Martin. *Paris, Méquignon-Marvis,* 1818, 12 vol. in-8, portrait, demi-rel. dos et coins de v. f. tête dor. n. rog. (*Kœhler.*)

Magnifique exemplaire.

801. OEuvres complètes de Lamartine. *Paris, Ch. Gosselin, Furne et Pagnerre,* 1845, 8 vol. in-12, demi-rel. dos et coins de mar. rouge, tête dor. n. rog. (*Kœhler.*)

802. OEuvres de M. Ballanche, de l'académie de Lyon. *Paris*, *Barbezat*, 1830, 4 vol. in-8, demi-rel. dos et coins de maroq. rouge non rog. (*Kœhler.*)

803. OEuvres complètes de P.-L. Courier, publiées par Armand Carrel. *Paris*, *Paulin et Perrotin*,

1834, 4 vol. in-8, portr. demi-rel. veau rose, dent. à froid

804. OEuvres littéraires et économiques d'Armand Carrel, recueillies et annotées par Ch. Romey. *Paris*, 1854, in-12, demi-rel. v. f. (*A. Pajard.*)

805. Chasles (Philarète). OEuvres. *Paris*, *Amyot*, 1846-47, 10 vol. in-12, demi-rel. v. f. non rog. (*Kœhler.*)

Études sur l'antiquité et le moyen âge, 2 vol. — Olivier Cromwell, 1 vol. — Études sur Shakespeare, 1 vol.— Le Dix-huitième et le Dix-neuvième Siècle en Angleterre, 3 vol. — Études sur le seizième siècle en France, 1 vol. — Études sur l'Espagne, 1 vol. — Études sur les Anglo-Américains au dix-neuvième siècle.

806. OEuvres complètes de A.-F. Ozanam, avec une notice par le R. P. Lacordaire et une préface par M. Ampère. *Paris*, *J. Lecoffre et Cie*, 1855-65, 11 vol. gr. in-8, portr. sur chine, demi-rel. dos et coins de maroq. rouge jans. n. rog. (*Ottmann-Duplanil.*)

807. OEuvres choisies de Charles Loyson, publiées par Em. Grimaud, avec une lettre du R. P. Hyacinthe et des notices biographiques et littéraires par MM. Patin et Sainte-Beuve. *Paris*, *Joseph Albanel*, 1869, gr. in-8, portr. gravé à l'eau-forte par Léopold Flameng, in-8, demi-rel. maroq. rouge n. rog.

808. OEuvres complètes d'Alfred de Musset. *Paris*, *Charpentier*, 1867, 3 vol. in-12, portr. demi-rel. mar. r. dos orné, tête dor. n. rog.

809. OEuvres de Villemain. *Paris*, *Didier*, 1846-49, 10 vol. in-8, demi-rel. dos et coins de mar. rouge n. rog. (*Kœhler.*)

Littérature au moyen âge, 2 vol. — Littérature au dix-huitième siècle, 4 vol. — Littérature ancienne et étrangère, 1 vol. — Études d'histoire moderne, 1 vol. — Discours et Mélanges littéraires, 1 vol. — Tableau de l'éloquence chrétienne au quatrième siècle, 1 vol.

810. Opere di Niccolo Machiavelli, cittadino e segretario fiorentino. *Firenze*, *Niccolo Conti*,

1818-1821, 10 vol. in-8, portr. et fac-simile, demi-rel. v. f. tr. jasp.

811. Opere di G.-B. Niccolini, edizione ordinata e rivista dall'autore. *Firenze*, 1844, 4 vol. in-12, demi-rel. v. f. tête jasp. n. rog. (*Kœhler.*)

812. Herder's sämmtliche Werke. *Stuttgart*, 1827, 60 vol. in-12, demi-rel. v.

813. Klopstock's Werke. *Leipzig*, 1798, 12 tom. en 6 vol. in-8, demi-rel.

814. Wieland's sämmtliche Werke. *Leipzig*, 1818, 53 tomes en 27 vol. in-12, demi-rel. f.

815. Wieland, étude littéraire par L.-E. Hallberg. *Paris, E. Thorin*, 1869, in-8, demi-rel. v. f. non rogné.

816. Lessing's sämmtliche Schriften. *Leipzig*, 1853, 15 vol. in-8, demi-rel. mar. br. la Vall. tête jasp. n. rog. (*Kœhler.*)

817. Goethe's sämmtliche Werke. *Stuttgart*, 1850, 30 vol. in-8, demi-rel. v. f. (*Kœhler.*)

818. W. Goëthe. Les Œuvres expliquées par la vie, 1729-1795, par A. Mézières. *Paris*, *Didier*, 1872-73, 2 vol. in-8, demi-rel. v. f. n. r. (*Petit, succ. de Simier.*)

819. Goëthe. Ses Mémoires et sa vie, par Henri Richelot. *Paris*, *J. Hetzel*, 1863, 4 vol. in-8, br. n. c.

820. Goëthe. Ses Précurseurs et ses contemporains, par A. Bossert. *Paris*, *L. Hachette*, 1872, in-8, br. n. c.

821. Conversations de Goëthe pendant les dernières années de sa vie, traduites par Em. Dilerot. *Paris, Charpentier*, 1863, 2 vol. in-12, portr. demi-rel. dos et coins de mar. bl. du Lev. à nerfs fil. tête dor. non rogn. (*Hardy-Mesnil.*)

822. Hoffmann's ausgewahlte Schriften. *Berlin*, 1827, 10 vol. in-12, demi-rel.

823. Bürger's sämmtliche Werke. *Göttingen*, 1835, in-4, demi-rel. mar. r.

824. J. von Müller's sämmtliche Werke. *Stuttgart*, 1831, 40 vol. in-12, demi-rel. v. ant.

825. Jacobi's Werke. *Leipzig*, 1812, 7 vol. in-8, demi-rel. v.

826. Körner's sämmtliche Werke 1835, in-4, demi-rel. mar. r.

827. Jacob's vermischte Schriften. *Leipzig*, 1837, 6 vol. in-12, demi-rel. v. f.

828. Matthisson's Schriften. *Zurich*, 1833, 9 tomes en 5 vol. in-12, demi-rel. v.

10. COLLECTIONS ET MÉLANGES.

829. Auctores latini principes. *Londini*, 1815-23, 14 vol. in-12, demi-rel. maroq. n. rog. tête dor. (*Kœhler.*)

Virgile, Horace, Térence, Quintilien, Ovide, Plaute, Pline, etc.

830. Collection des auteurs latins, dite : *cum notis variorum. Amsterdam*, 1660-1680, 20 vol. in-8, vélin.

Tacitus, Plinius, Titus Livius, Seneca, Augustæ historiæ scriptores, Lactantius, etc.

831. De la collection des auteurs latins, dite : *cum notis diversorum*. 1724-1846, 8 vol. in-4, vél.

Quinte-Curce, Pétrone, Lucain, Virgile.

832. BIBLIOTHÈQUE LATINE-FRANÇAISE, publiée par Panckoucke. *Paris*, 1826-39, 178 vol.— 2me *série*, 1842-49, 18 vol. in-8. Ensemble 196 vol. in-8, demi-rel. non rog., tête jasp. *Iconographie et Paléographie*, in-fol. demi-rel.

833. Collection des classiques français, contenant Voltaire, J.-B. Rousseau, la Fontaine, Molière,

Boileau, Racine, Corneille, Malherbe, la Rochefoucauld, la Bruyère, Fénelon, Massillon, Fléchier, Bossuet, Pascal, Montesquieu et le Sage. *Paris, Dufour et Cie*, 1826-1828, 2 vol. in-8. Edition microscopique, texte à deux col., jolie demi-rel. dos et coins de mar. r. du Levant, dos orné fil. tête dor. n. rog. (*Berends.*)

834. Bibliothèque Charpentier. Collection des meilleurs auteurs classiques, anciens et modernes. *Paris, Charpentier*, 1841-46, 103 vol. in-12, demi-rel. v. rose, tr. jasp. (*Kœhler.*)

Sophocle. — Aristophane. — Euripide. — Eschyle. — Dante. — Camoens. — Milton. — Shakespeare. — Sheridan. — Goldsmith. — Sterne. — Fielding. — Lord Byron. — Cervantes. — Gœthe. — Schiller. — Alfieri. — Herder. — Manzoni. — Topffer. — Rabelais. — Marivaux. — De Maistre. — Nodier. — Vigny. — Mérimée. — Hugo, etc., etc.

835. Bibliothèque des auteurs classiques. *Paris, F. Didot fr.*, 1842-46. 44 vol. in-12, portr. demi-rel. v. f. tête jasp. n. rog. (*Kœhler.*)

Beaumarchais, Corneille, 2 vol. — Molière, 2 vol. — Racine, Rotrou, 2 vol. — Regnard, Rousseau, 4 vol. — Florian, Diderot, 2 vol. — Bossuet, 3 vol. — Fénelon, 3 vol. — Voltaire, 6 vol. — Buffon, 2 vol. — Cuvier, Rollin, 3 vol. — Chateaubriand, 10 vol.

836. Recueil de pièces choisies, tant en prose qu'en vers. *La Haye*, 1714, 2 vol. in-12, v.

Voyage de Bachaumont et la Chapelle. — Poésies du chevalier d'Aceilly. — La Satyre des satyres, par Boursault. — Poëme de la Madeleine. — Relation des campagnes de Rocroi et de Fribourg. — Les Visionnaires, comédie de Desmarets, etc.

837. Mélanges de littérature ancienne et moderne, par M. Patin. *Paris, Hachette*, 1840, in-8, demi-rel. v. viol. tr. jasp.

838. Littérature française. Histoire du sentiment politique. — Etudes sur les cartes à jouer, par Leber. — Principes sur l'art dramatique. — Essai sur les œuvres de Jean Rotrou. — Etudes sur les pamphlets de Milton. — Vie de Molière, etc. Ens. 8 vol. gr. in-8, cart. en bon état.

839. Variétés historiques et littéraires, recueil de pièces volantes rares et curieuses, en prose et en

vers, revues et annotées par Éd. Fournier. *Paris, P. Jannet*, 1855-63, 10 vol. in-12, cart. n. c.

HISTOIRE.

1. GÉOGRAPHIE ET VOYAGES.

840. Histoire de la géographie et des découvertes géographiques, depuis les temps les plus reculés jusqu'à nos jours, par Vivien de Saint-Martin. *Paris, Hachette et Cie*, 1874, gr. in-8, br. neuf n. c., et atlas in-fol. cart.

841. Précis de la géographie universelle, par Malte-Brun; nouvelle édition, revue par M. N. Huot. *Paris, A. André*, 1836-37, 12 vol. in-8, demi-rel. v. f. tr. marbr. (*Atlas in-fol.*)

842. Géographie de Strabon, traduction nouvelle par Am. Tardieu. *Paris, Hachette et Cie*, 1867-73, 2 vol. in-12, br. n. c.

843. Notice des ouvrages de M. d'Anville, premier géographe du roi, précédée de son éloge, *Paris, an X* (1802), in-8, pap. vergé, veau f. fil., tr. dor.

844. Géographie ancienne abrégée, par M. d'Anville. *A Paris, chez Merlin*, 1768, 3 vol. in-12, front. gravé par Gravelot, demi-rel. dos et coins de maroq. vert fil.

845. Géographie ancienne historique et comparée des Gaules cisalpine et transalpine, par M. le baron Walckenaer. *Paris*, 1839, 3 vol. in-8, et atlas in-4, demi-rel. dos et coins de mar. vert myrte, n. rog. (*Kœhler.*)

Exemplaire en papier de Hollande.

846. Adrien Balbi. Abrégé de géographie, accompagné d'un atlas de 12 cartes, par Henri Chotard. *Paris, s. d., Renouard*, 2 vol. gros in-8, texte à deux col. br. neuf n. c.

847. Nouveau Dictionnaire d'histoire et de géographie anciennes et modernes, par MM. Ed. d'Ault, Dumesnil et L. Dubeux. *Paris, J. Lecoffre et Cie*, 1866, in-4, demi-rel. chagr. la Vall. plats toil.

848. Géographie générale, par L. Dussieux. *Paris, J. Lecoffre et Cie*, 1866, gr. in-8, demi-rel. chagr. vert myrte, plats toile.

849. Esquisse d'une nouvelle géographie physique, destinée à intéresser la jeunesse à l'étude de cette science, par A. Vulliet, avec gravures intercalées dans le texte. *Paris, Ch. Meyrueis et Cie*, 1855, 3 tomes en 1 vol. in-12, demi-rel. v. f. non rog. (*A. Pajard.*)

Trois tomes en un vol.

850. Atlas classique de géographie physique, politique, ancienne et moderne, composé de 36 feuil., par A. Brué, géographe du roi. *Paris*, 1830, in-fol. dem. bas.

851. Histoire de la vie et des voyages de Christophe Colomb, par M. Washington Irving, traduite de l'anglais par C.-A. Defauconpret fils. *Paris*, 1828, 4 vol. in-8, demi-rel. v. ant. tr. marbr.

852. Promenade autour du monde (1871), par par M. le baron de Hübner. *Paris, Hachette et Cie*, 1873, 2 vol. in-12, br. n. c.

853. Athènes, décrite et dessinée par Ernest Breton, suivie d'un voyage dans le Péloponnèse. *Paris, Gide*, 1862, gr. in-8, demi-rel. dos et coins de maroq. brun la Vall. à nerfs et fleurons, tr. dor.

854. Lettres de Horace Walpole, écrites à ses amis pendant ses voyages en France (1739-75), traduites par le comte de Baillon. *Paris, Didier*, 1872, in-8, br.

855. Voyage bibliographique, archéologique et pittoresque en France, par le R. Th. Frognall-Dibdin, traduit de l'anglais avec des notes par Théod. Licquet. *Paris, chez Crapelet*, 1825, 4 vol. in-8, demi-rel. v. ant.

856. Le Pèlerinage en Suisse, Einsiedlen, etc., par Louis Veuillot. *Paris*, 1839, in-12, front. chromo, figures ajoutées, demi-rel. dos et coins de maroq. brun la Vall. jans., tête dor. n. rog.

857. Le Président de Brosses en Italie. Lettres familières, écrites d'Italie en 1739 et 1740 par Ch. de Brosses, publiées par M. R. Colomb. *Paris, Didier et Cie*, 1858, 2 forts vol. in-8, demi-rel. dos et coins de maroq. rouge à nerfs, n. rog. (*Gardien.*)

858. Les Monastères bénédictins d'Italie. Souvenirs d'un voyage littéraire au-delà des Alpes, par Alph. Dantier. *Paris, Didier*, 1865, 2 vol. in-8, demi-rel. dos et coins de v. f. fil. tête jasp. n. rog. (*A. Pajard.*)

859. Marmier (Xavier). OEuvres, souvenirs de voyages et traditions populaires. *Paris*, 1841. — Lettres sur la Hollande, *Paris*, 1841. — Chants populaires du Nord. *Paris*, 1842. — Lettres sur l'Islande et poésies. *Paris*, 1855. Ensemble, 4 vol. demi-rel. v. f. rel. par Kœhler et 1 vol. in-12, br.

860. Reisebilder, tableaux de voyage, par Henri Heine, précédés d'une étude sur Heine par Th. Gautier. *Paris, Mich. Lévy fr.*, 2 vol. in-12, portr. br. n. c.

861. Souvenirs de voyages et d'études, par Saint-Marc Girardin. *Paris, Amyot, s. d.*, 2 vol. in-12, demi-rel. v. f. n. rog. (*Kœhler.*)

862. Lettres édifiantes et curieuses, écrites des

missions étrangères. *Paris*, 1780-83, 26 vol. in-12, v. gr.

863. Les Missions chrétiennes, par T.-W.-M. Marshall; trad. de l'anglais par L. de Waziers. *Paris*, *Ambroise Bray*, 1865, 2 forts vol. in-8, br. n. coup.

864. Histoire des aventuriers-flibustiers qui se sont signalés dans les Indes, le tout enrichi de cartes géographiques et de figures en taille-douce, par Alex.-Olivier Œxmelin. *A Trévoux*, 1775, 4 vol. in-12, percal. n. rog. (*Pierson.*)

Le quatrième volume comprend l'Histoire des pirates anglais, de Johson.

865. Souvenirs d'un voyage en Asie-Mineure, par Georges Perrot. *Paris, Mich. Lévy fr.*, 1864, in-8, demi-rel. v. f. à nerfs.

866. Voyaige d'Oultremer en Jhérusalem, par le seigneur de Caumont, *l'an MCCCXVIII*, publié pour la première fois par le marquis de la Grange. *Paris*, *Auguste Aubry*, 1858, in-8, pap. vergé demi-rel. dos et coins de mar. rouge, tête dor. non rog.

867. La Terre sainte. Voyage des quarante pèlerins de 1853, par Louis Enault. *Paris*, *L. Maison*, 1854, in-12, carte, demi-rel. mar. rouge n. rog.

868. Voyage en Orient, par Gérard de Nerval. *Paris*, *Charpentier*, 1862, 2 vol. in-12, reliés sur brochure, demi-rel. maroq. bleu de ciel avec fleurons. (*Allo.*)

869. Voyage en Indo-Chine et dans l'Empire chinois, par L. de Carné, ouvrage orné de gravures et d'une carte. *Paris*, *Dentu*, 1872, in-12, br. n. c.

870. Huc. Souvenirs d'un voyage dans la Tartarie et le Thibet. *Paris, Gaume*, 1857, 2 vol. — L'Empire chinois. *Paris, Gaume*, 1857, 2 vol. carte col. — Le Christianisme en Chine, en Tar-

tarie et au Thibet, *Paris, Gaume,* 1857-1858, 4 vol. Ens. 3 ouvr. formant 8 vol. in-8, demi-rel. v. f. n. rog.

871. Un Hiver en Égypte, par M. Eugène Poitou. *Tours, A. Mame et Cie*, gr. in-8, br. neuf.

872. Tableaux de la nature, par Alexandre de Humboldt, traduits par Ferd. Hœfer. *Paris, Firm. Didot,* 1850, gr. in-8, demi-rel. v. f., tête jasp. non rog.

2. HISTOIRE UNIVERSELLE.

873. Tablettes chronologiques de l'histoire universelle, sacrée et profane, ecclésiastique et civile, depuis la création du monde jusqu'à l'an 1775, par M. l'abbé Lenglet du Fresnoy. *Paris, de Bure*, 1778, pet. in-8, v. f. fil.

874. Manuel d'histoire universelle, par A. Ott, docteur en droit. *Paris, Paulin,* 1840-42, 2 vol. in-12, demi-rel. v. br. (*Kœhler.*)

875. Essai sur l'histoire universelle, par M. Prévost-Paradol. *Paris, L. Hachette,* 1865, 2 vol. in-12, demi-rel. v. f.

876. Cours d'études historiques, par P.-C.-F. Daunou. *Paris, Firm. Didot fr.*, 1842-49, 20 vol. in-8, demi-rel. dos et coins de mar. rouge n. rog. (*Kœhler.*)

877. Histoire universelle, par César Cantu. *Paris, Firmin Didot*, 1857, 19 vol. in-8, demi-rel. mar. br. la Vall., *ébarbés.*

878. Revue des questions historiques. *Paris, Victor Palmé,* 1866-74, 30 vol. br. in-8.

Collection bien complète et en bon état, commence le 1er juillet 1864 et va jusqu'à la fin.

3. HISTOIRE DES RELIGIONS.

a. *Religions de l'antiquité.*

879. Bibliothèque d'Apollodore l'Athénien, traduction avec le texte grec par E. Clavier. *Paris, an XIII* (1805), 2 vol. in-8, demi-rel. dos et coins de mar. rouge à nerfs et fleurons, n. rog. (*Kœhler.*)

880. Religions de l'antiquité, considérées principalement dans leurs formes symboliques et mythologiques, trad. de l'allemand du docteur Fréd. Creuzer, par J.-D. Guigniaut. *Paris, Treuttel et Wurtz,* 1825-51, 9 vol. in-8 de texte et 1 de planches, demi-rel. dos et coins de maroq. vert (*Kœhler.*)

881. L'Origine des dieux du paganisme, et le sens des fables découvert par une explication, suivie des poésies d'Hésiode, par M. Bergier, docteur en théologie. *A Paris, chez Humblot,* 1767, 2 vol. in-12, v. ant.

882. La Mythologie et les fables expliquées par l'histoire, par M. l'abbé Banier. *A Paris, chez Briasson,* 1764, 8 vol. in-12, v. ant. tr. marbr.

883. Lettres à Émilie sur la mythologie, par C.-A. Demoustier. *Paris, Furne et Cie,* 1860, gr. in-8, fig. gr. par Moreau le jeune, tirées sur chine, demi-rel. dos et coins de mar. r. foncé à nerfs, tr. peig. (*Petit, succ. de Simier.*)

884. Recherches historiques et critiques sur les mystères du paganisme, par M. le baron de Sainte-Croix; édition revue et corrigée par le baron Sylvestre de Sacy. *Paris, de Bure fr.*, 1817, 2 vol. in-8, pap. vergé, mar. r. à nerfs, fil. tête dor. n. rog. (*Ottmann.*)

885. **Histoire des religions de la Grèce antique, depuis leur origine jusqu'à leur complète consti-**

tution, par L.-Alf. Maury. *Paris*, *Ladrange*, 1857-59, 3 vol. in-8, demi-rel. dos et coins de v. f. n. rog. (*A. Pajard.*)

886. Galerie mythologique, recueil de monuments pour servir à l'étude de la mythologie, de l'histoire de l'art, de l'antiquité figurée et du langage allégorique des anciens, avec 190 planches gravées au trait, contenant près de 800 monuments antiques, par A.-L. Millin. *Paris*, *Soyer*, 1811, 2 vol. in-8, demi-rel. dos et coins de v. f. fil. non rog.

887. Du Type d'Hercule dans la littérature grecque, depuis les origines jusqu'au siècle des Antonins, par Emm. des Essarts. *Paris*, *Ern. Thorin*, 1871, gr. in-8, demi-rel. v. f.

888. Les Dieux de l'ancienne Rome, mythologie romaine de L. Preller; traduction de M. L. Dietz, avec une préface par M. L.-J.-Alf. Maury. *Paris*, *Didier*, 1865, in-8, demi-rel. mar. rouge à nerfs, tr. peigne.

889. Essai historique sur la société civile dans le monde romain et sur sa transformation par le christianisme, par C. Schmidt. *Strasbourg*, 1853, in-8, demi-rel. dos et coins veau ant. n. rog.

890. Histoire de la destruction du paganisme en Occident, par A. Beugniot. *Paris*, *Firm. Didot fr.*, 1835, 2 vol. in-8, demi-rel. v. ant., tr. marbr.

891. Deutsche Mythologie, von Jacob Grimm. *Göttingen*, 1835, in-8, demi-rel.

b. *Christianisme.*

892. Discours sur l'histoire ecclésiastique, par l'abbé Fleury. *Paris*, 1750, 2 vol. in-12, v. marbr. tr. marb.

893. Histoire universelle de l'Église, par Jean Alzog, traduite par J. Goschler et F. Andley.

Paris, *J. Lecoffre*, 1855, 2 vol. in-12, demi-rel. v. f. (*Gardien.*)

894. Origines du christianisme, par le docteur Dœllinger, traduit de l'allemand par M. Léon Boré. *Paris*, *Debécourt et Hachette*, 1842, 2 vol. in-8, demi-rel. v. f.

895. Histoire de l'Église, par l'abbé V. Postel. *Paris*, 1858. — Le Christianisme et l'Église à l'époque de leur fondation, par le docteur Dœllinger. *Paris*, 1863. Ens. 2 vol. in-12, demi-rel. v. f.

896. Trois Mémoires relatifs à l'histoire ecclésiastique des premiers siècles, par J.-G.-H. Greppo. *Paris*, 1840, in-8, demi-rel. v. f.

897. De la Divinité du christianisme dans ses rapports avec l'histoire, par Ch. Lenormant. *Paris*, *A. Lévy*, 1869, in-8, demi-rel. v. f. n. rog.

898. Lhomond. Histoire abrégée de l'Église et de la religion, doctrine chrétienne, etc. *Paris*, *Dezobry*, 1848-49, 3 vol. in-12, demi-rel. v. ant.

899. OEuvres de l'abbé Freppel. *Paris*, *Ambroise Bray*, 1859-68, 10 vol. in-8, demi-rel. dos et coins de mar. vert myrte, n. rog. (*A. Pajard.*)

Les Pères apostoliques, 1 vol. — Apologistes chrétiens au onzième siècle, 3 vol. — Tertullien, 2 vol. — Saint Cyprien, 1 vol. — Clément d'Alexandrie, 1 vol. — Origène, 2 vol.

900. Histoire de l'Église de Rome sous les pontificats de saint Victor, de saint Zéphirin et de saint Calliste, de l'an 192 à l'an 224, par l'abbé M.-P. Cruice. *Paris*, *Firm. Didot fr.*, 1856, in-8, demi-rel. v. f. n. rog. (*A. Pajard.*)

901. Histoire du pape Silvestre II et de son siècle, par C.-F. Hock, traduite de l'allemand par l'abbé J.-M. Axinger. *Paris*, *Debécourt*, *s. d.*, in-8, demi-rel. v. f. tr. marbr.

902. Grégoire VII, saint François d'Assise, par E.-J. Delécluze. *Paris, Jules Labitte*, 1844, 2 vol. in-8, demi-rel. v. f. tête jasp. n. rog. (*Kœhler.*)

903. Gerbert, étude historique sur le xe siècle, par l'abbé Lausser. *Aurillac*, 1866. — Alexandre VI devant l'histoire et devant le dogme catholique. *Bordeaux*, 1866. Ens. 2 ouvr. in-8, cart.

904. Histoire d'Innocent III, trad. de l'all. de Hurter. *Paris*, 1838, 3 vol. in-8, demi-rel.

905. Histoire du pape Clément VII et de son siècle, par J. Voigt, traduite de l'allemand par l'abbé Jager. *Paris, Aug. Vaton*, 1854, 2 vol. in-8, demi-rel. v. f. (*Gardien.*)

906. La Vie du pape Alexandre VI et de son fils César Borgia, contenant les guerres de Charles VIII et Louis XII, rois de France, et les principales négociations et révolutions arrivées en Italie, depuis l'année 1492 jusqu'en 1506, par Alexandre Gordon, traduite de l'anglais. *Amsterdam, chez Pierre Mortier*, 1751, 2 vol. in-12, portraits, demi-rel. v. ant. tr. jasp. (*Kœhler.*)

907. Histoire de Léon X, par M. Audin. *Paris, L. Maison*, 1844, 2 vol. in-8, demi-rel. v. f. tr. jasp.

908. Vie et pontificat de Léon X, par William Roscoe, ouvr. traduit de l'anglais par P.-F. Henry. *Paris*, 1813, 4 vol. in-8, portraits et médailles, demi-rel. v. f. tr. jasp.

909. La Vie du pape Sixte cinquième, traduite de l'italien de Grégoire Leti, enrichie de figures en taille-douce. *Paris*, 1758, 2 vol. in-12, demi-rel. v. f. tr. peig.

910. Histoire de la papauté pendant les XVIe et XVIIe siècles, par Léopold Ranke, traduite de l'allemand par J.-B. Maiber, publiée et précédée d'une introduction par Alex. de Saint-Chéron.

Paris, Debécourt, 1838, 4 vol. in-8, demi-rel. v. f. tr. mar.

911. Histoire de l'enlèvement et de la captivité de Pie VI, par l'abbé Baldassari, traduite de l'italien et augmentée d'un précis historique des vingt et une premières années du pontificat, par l'abbé de Lacouture. *Paris et Lyon*, 1842, in-8, demi-rel. v. f. tr. jasp. (*Gardien.*)

912. Histoire du pape Pie VII, par M. le chevalier Artaud. *Paris, Adr. Leclère*, 1836, 2 vol. in-8, portraits, demi-rel. v. f. tr. jasp. (*Gardien.*)

Exemplaire auquel on a joint une lettre autographe de l'autenr.

913. Esquisse de Rome chrétienne, par l'abbé Ph. Gerbet. *Paris*, 1844-50, 2 vol. in-8, demi-rel. dos et coins de mar. rouge. (*Gardien.*)

914. Les Saints Lieux, pèlerinage à Jérusalem, par Mgr Mislin, abbé mitré. *Paris*, *J. Lecoffre et Cie*, 1858, 3 vol. gr. in-8, demi-rel. dos et coins de mar. rouge. (*Ébarbés.*) (*A. Pajard.*)

915. Les Sept Basiliques de Rome, ou visites des sept églises, par le baron de Bussière. *Paris*, *A. Sirau*, 1845, 2 vol. gr. in-8, demi-rel. dos et coins de mar. r. (*Ottmann-Duplanil.*)

916. Rome chrétienne, ou Tableau historique des souvenirs et des monuments chrétiens de Rome, par Eug. de la Gournerie. *Paris*, *Ambr. Bray*, 1858, 2 vol. in-12, demi-rel. maroq. rouge.

917. Rome et les papes, études historiques, par le comte T. Dandolo, traduit par le vicomte de Richemont. *Paris*, *chez M. Guichardot*, 1868-70, 5. vol. gr. in-8, br. n. c.

918. Italie et semaine sainte à Rome, par Joseph Autran. *Marseille*, 1841, in-8, demi-rel. dos et coins de maroq. rouge du Lev. jans. tr. peig.

919. Rome souterraine, résumé des découvertes de M. de Rossi dans les catacombes romaines, par

J. Spencer Northcote et W.-R. Browalow, traduit de l'anglais par Paul Allard, ouvrage illustré de soixante-dix vignettes, de vingt chromolithographies et d'un plan. *Paris*, *Didier*, 1872, gr. in-8, br. neuf.

920. Tableau des catacombes de Rome, par Raoul-Rochette. *Paris,* 1837, in-12, titr. gr. demi-rel. v. f. (*Kœhler.*)

921. Études historiques sur l'influence de la charité durant les premiers siècles chrétiens, par Etienne Chastel. *Paris*, *Capelle*, 1853, in-8, demi-rel. dos et coins de v. f. n. rog. (*Kœhler.*)

922. Les Écoles épiscopales et monastiques de l'Occident, depuis Charlemagne jusqu'à Philippe Auguste (768-1180), par Léon Lemaître. *Paris*, *Dumoulin*, 1866, gr. in-8, demi-rel. dos et coins de maroq. rouge à nerfs, tr. peig.

923. Recherches historiques sur l'assemblée du clergé de France, de 1682, par Ch. Gérin. *Paris*, *Lecoffre fils et Cie*, 1869, in-8, demi-rel. dos et coins de veau f. fil. tr. peig.

924. Histoire de la chute des jésuites au XVIIIe siècle, par le comte Alexis de Saint-Priest. *Paris*, *Amyot*, 1844, in-8, demi-rel. v. f. tr. jasp. (*Kœhler.*)

925. Histoire de la constitution civile du clergé (1790-1801), par Ludovic Sciout. *Paris, Firmin Didot*, 1872, 2 vol. in-8, br. n. c.

926. Discours, rapports et travaux inédits sur le concordat de 1801 (26 messidor an IX), par J.-Et.-M. Portalis. *Paris*, *Joubert*, 1845, in-8, demi-rel. v. ant. (*Kœhler.*)

c. *Hagiographie.*

927. Les Saints et leur siècle, par A. Rodière. *Toulouse et Paris,* 1843, in-8, demi-rel. dos et coins de v. f. fil. (*Ottmann-Duplanil.*)

928. Les Petits Bollandistes, vies des saints, d'après les Bollandistes, Surius, Ribadeneira, le P. Giry. —Les Hagiologies et les propres de chaque diocèse, et les travaux hagiographiques les plus récents, par l'abbé Paul Guérin. *Paris, Palmé,* 1867-69, 15 vol. in-8, demi-rel. chagr. noir jans. plats toile, tr. peig.

929. Vies des pères martyrs et autres principaux saints, tirés des actes originaux et des monuments les plus authentiques, avec des notes historiques et critiques, ouvrage traduit librement de l'anglais d'Alban Butler, par l'abbé Godescard, chanoine de Saint-Honoré. *Bruxelles,* 1846-50, 7 vol. in-4, texte à deux col. demi-rel. dos et coins de maroq. noir, tr. jasp. (*Gardien.*)

Le septième volume comprend le Traité des fêtes mobiles, jeûnes et autres observances annuelles de l'Église catholique.

930. Les Quatre Martyrs, par A.-F. Rio. *Paris, Ambr. Bray*, 1856, in-12, demi-rel. v. f. à nerfs. n. rog.

931. Histoire de saint Ambroise, par l'abbé Baunard. *Paris, Poussielgue fr.*, 1871, in-8, portrait, demi-rel. mar. vert foncé, jans. tr. peigne.

932. Saint Anselme de Cantorbéry, tableau de la vie monastique, par Ch. de Rémusat. *Paris, Didier*, 1853, in-8, demi-rel. dos et coins de maroq. vert myrte, n. r.

933. Histoire de saint Bernard et de son siècle, par l'abbé Marie-Théodore Ratisbonne. *Paris, madame veuve Poussielgue*, 1853, 2 vol. in-12, demi-rel. v. f. n. rog. (*Ottmann-Duplanil.*)

934. Histoire de sainte Cécile, vierge romaine et martyre, par le R. P. dom Prosper Guéranger. *Paris, J. Lecoffre*, 1849, in-12, demi-rel. v. bleu, tr. peigne.

935. Sainte Cécile et la société romaine aux deux premiers siècles, par dom Guéranger, abbé de

Solesmes, contenant deux chromolithographies, cinq planches en taille-douce et deux cent cinquante gravures sur bois. *Paris, Firmin Didot*, 1874, in-4. br. n. c.

936. Histoire de sainte Chantal et des origines de la Visitation, par l'abbé Em. Bongaud. *Paris, veuve Poussielgue Rusand*, 1863, 2 vol. in-8, dos et coins, demi-rel. maroq. vert myrte, tr. peig.

937. Cyrille et Méthode, étude historique sur la conversion des Slaves au christianisme, par L. Léger. *Paris, A. Franck*, 1868, in-8, demi-percal. n. rog.

938. Vie de saint Dominique, par le R. P. Henri-Dominique Lacordaire. *Paris*, 1857, in-12, portrait, demi-rel. v. ant.

939. Histoire de sainte Élisabeth de Hongrie, duchesse de Thuringe (1207-1231), par le comte de Montalembert. *Paris, Sagnier et Bray*, 1854, in-8, portr. demi-rel. dos et coins de maroq. br. la Vall. fil. non. rog. exempl. en gr. papier. (*Gardien.*)

940. Vie de saint Vincent Ferrier, de l'ordre des Frères-Prêcheurs (1350-1419), par l'abbé A. Bayle. *Paris, Ambr. Bray*, 1855, in-8, demi-rel. v. f. à nerfs.

941. Vie de saint François de Sales, évêque et prince de Genève, par M***, curé de Saint-Sulpice. *Paris, J. Lecoffre*, 1854, 2 vol. in-8, portrait, demi-rel. dos et coins de maroq. rouge, n. rog. (*Kœhler.*)

942. La Politique de saint Grégoire le Grand, par L. Pingaud. *Paris, Ern. Thorin*, 1872, in-8, br. n. c.

943. Sainte Geneviève, sa confrérie et ses fêtes, par Georges Guénot. *Paris, Ch. Lahure*, 1854, in-16, portr. demi-rel. veau quadrillé.

944. Histoire de ce qui est arrivé au tombeau de sainte Geneviève, depuis sa mort jusqu'à présent,

et de toutes les processions de sa châsse, sa vie traduite sur l'original écrit dix-huit ans après sa mort. *A Paris, chez Urbain Coustelier, rue Saint-Jacques, au Cœur-Bon*, 1697, pet. in-8, veau fauve, ant. dos orné.

945. Histoire de saint Jérôme, père de l'Église au IVe siècle, sa vie, ses écrits et ses doctrines. *Paris, et Lyon*, 1844, 2 vol. in-8, 2 fig. demi-rel. dos et coins de v. f. tr. jasp. (*A. Pajard.*)

946. Saint Jérôme, la société chrétienne à Rome et l'émigration romaine en terre sainte, par Am. Thierry. *Paris, Didier*, 1867, 2 vol. in-8, demi-rel. v. f. n. r.

947. Les Voyages de saint Jérôme, sa vie, ses œuvres, son influence, par l'abbé Eug. Bernard. *Paris, Ch. Douniol*, 1864, in-8, demi-rel. v. f. fil. tr. peig.

948. De l'Apologétique chrétienne au IIe siècle; saint Justin, philosophe et martyr, par B. Aubé. *Paris, Orléans*, 1861, in-8, br. n. c.

949. Dissertation sur l'apostolat de saint Martial et sur l'antiquité des églises de France, par l'abbé Arbellot. *Paris, Limoges*, 1855, in-8, demi-rel. v. f. tête dor. n. rog.

950. Histoire de sainte Monique, par M. l'abbé Bougaud. *Paris, veuve Poussielgue*, 1866, in-8, portr. tiré sur phot. demi-rel. dos et coins de maroq. vert myrte, jans. tr. peigne.

951. La Vie et légende de madame sainte Notburg, établissement de la foi chrétienne dans la vallée du Neckar, par M. de Beauchesne. *Paris, H. Plon*, 1868, in-4, 24 gravures, car. goth. demi-rel. dos et coins de maroq. bleu, dos orné et à nerfs, fil. tête dor. n. rog. (*Petit, succ. de Simier.*)

952. Histoire de sainte Paule, par l'abbé F. Lagrange. *Paris, Poussielgue fr.*, 1867, in-8, portr. sur chine,

demi-rel. dos et coins de maroq. vert myrte, tr. peigne.

953. Vie de saint Philippe de Néri, fondateur de l'Oratoire (1515-1595), par l'abbé A. Bayle. *Paris, Ambr. Bray*, 1859, in-8, demi-rel. v. f. à nerfs. (*A. Pajard.*)

954. Saint Vincent de Paul, sa vie, son temps, ses œuvres, son influence, par l'abbé Maynard. *Paris, Ambr. Bray*, 1860, 4 vol. in-8, fac.-sim. et fig. demi-rel. v. ant. tr. peig.

955. Saint Sidoine Apollinaire et son siècle, par l'abbé L.-A. Chaix. *Clermont et Paris*, 1867, 2 vol. in-8, br. *n. c.*

d. *Histoire des abbayes. — Biographie des religieux.*

956. Histoire des ordres monastiques, religieux et militaires, et des congrégations séculières de l'un et de l'autre sexe, qui ont été établies jusqu'à présent, avec des figures qui représentent tous les différents habillements de ces ordres et de ces congrégations (par le Père Hélyot). *Imprimée à Paris, et se vend à Douay chez Joseph Derbais*, 1714-19, 8 vol. in-4, maroq. rouge jans. dent. int. tr. dor. (*Ottmann.*)

957. Histoire de l'abbaye de Saint-Denis en France, par Mme Félicie d'Ayzac. *Paris, Imprimerie impériale*, 1860-61, 2 forts vol. in-8, demi-rel. dos et coins de v. f. à nerfs, tr. jasp. (*A. Pajard.*)

958. Histoire de l'abbaye de Cluny depuis sa fondation jusqu'à sa destruction à l'époque de la révolution française, par P. Lorain. *Paris, Sagnier et Bray*, 1845, in-8, demi-rel. v. f. à nerfs tr. jasp. (*A. Pajard.*)

959. Histoire de l'ordre de Cluny, depuis la fondation de l'abbaye jusqu'à la mort de Pierre le Vénérable (909-1157), par J.-Henri Pignot. *Autun*

et Paris, 1868, 3 vol. in-8, demi-rel. dos et coins de mar. vert myrte à nerfs, jans. tr. peig. (*Petit, succ. de Simier.*)

960. Pierre le Vénérable, abbé de Cluny, sa vie, ses œuvres et la société monastique au XIIe siècle, par B. Duparay. *Chalon-sur-Saône, P. Mulcey,* 1862, in-4, demi-rel. maroq. rouge à nerfs, tr. peig.

961. Étude historique sur l'abbaye de Remiremont, par M. A. Guinot. *Paris, Ch. Douniol,* 1859, in-8, demi-rel. v. f. tr. jasp.

962. Histoire du monastère de Lérin, par M. l'abbé Alliez. *Paris, Didier et Cie,* 1862, 2 vol. in-8, demi-rel. v. f.

963. Histoire civile, religieuse et littéraire de la Trappe, par M. D. L. D. B. (L. Dubois). *Paris, Raynal,* 1824, in-8, portrait, d.-rel. v. ant. tr. jasp.

964. Les Trappistes, ou l'ordre de Cîteaux au XIXe siècle. Histoire de la Trappe depuis sa fondation jusqu'à nos jours, par M. Casimir Gaillardin. *Paris,* 1844, 2 vol. in-8, demi-rel. maroq. noir à nerfs, tr. jasp.

965. Études sur l'état intérieur des abbayes cisterciennes, et principalement de Clairvaux, au XIIe et au XIIIe siècle, par M. H. d'Arbois de Jubainville. *Paris, Aug. Durand,* 1858, in-8, demi-rel. v. f. tr. jasp.

966. Histoire de l'abbé de Rancé et de sa réforme, par M. l'abbé Dubois. *Paris, Ambr. Bray,* 1866, 2 forts vol. in-8, br. portrait.

967. Notice sur Port-Royal (par Petitot). *S. l. n. d.,* in-8, demi-rel. maroq. rouge foncé fil. n. rog.

Manque le titre.

968. Port-Royal, par C.-A. Sainte-Beuve. *Paris, Renduel,* 1840-59, 5 vol. in-8, demi-rel. v. f. tr. jasp.

969. Port-Royal, par C.-A. Sainte-Beuve. *Paris, L. Hachette*, 1867, 7 tomes en 6 vol. in-12, demi-rel. v. f. tr. peig.

970. Histoire de Royaumont, sa fondation par saint Louis, par l'abbé H. Duclos. *Paris, Ch. Douniol*, 1867, 2 vol. in-8, br. avec dessins, vues et portraits, n. coupés.

971. Histoire politique, religieuse et littéraire de la Compagnie de Jésus, composée sur les documents inédits et authentiques, par J. Crétineau-Joly, ouvrage orné de portraits. *Paris et Lyon*, 1845-46, 6 vol. in-12, dem.-rel. v.

972. Les Moines d'Occident, par le comte de Montalembert. *Paris, J. Lecoffre*, 1860-67, 5 vol. in-8, demi-rel. dos et coins de v. f. fil. tr. jasp. (*A. Pajard.*)

973. Vie de la mère Marie-Thérèse, fondatrice de la congrégation de l'Adoration réparatrice, par l'abbé D. Hulot. *Paris, Poussielgue fr.*, 1872, in-8, demi-rel. chagr. vert myrte.

974. Jean de Salisbury, par l'abbé M. Demimuid. *Paris, Ern. Thorin*, 1873, in-8, br. neuf, n. c.

975. Jérôme Savonarole, sa vie, ses prédications, ses écrits, par J.-T. Perrens. *Paris, Hachette, s. d.*, 2 vol. gr. in-8, demi-rel. v. f.

976. Histoire de Pierre de Bérulle, cardinal de la sainte Église romaine, fondateur de la congrégation de l'Oratoire, suivie d'une notice historique des supérieurs-généraux de cette congrégation, par Tabaraud. *Paris, Ad. Egron*, 1817, 2 vol. in-8, demi-rel. v. f. tr. jasp. (*Ottmann.*)

977. M. de Bérulle et les Carmélites de France, 1575-1611. — Le Père de Bérulle et l'Oratoire de Jésus, 1611-1625, par l'abbé M. Houssaye. *Paris, Plon*, 1872-74, 2 vol. in-8 br.

978. Le Cardinal de Bérulle, par Nourisson. *Paris, Didier*, 1856. — Vie du cardinal de Cheverus,

archevêque de Bordeaux. *Paris*, 1850. Ens. 2 vol. in-12, demi-rel. v. f.

979. Vie de Fra Angelico de Fiesole, de l'ordre des Frères prêcheurs, par E. Cartier. *Paris, veuve Poussielgue-Rusand*, 1857, in-8, demi-rel. dor. et coins de maroq. rouge à nerfs, tête jasp. n. rog. (*A. Pajard.*)

980. Massillon, étude historique et littéraire, par l'abbé Bayle. *Paris, Ambr. Bray*, 1867, in-8, demi-rel. v. f.

981. Histoire de Bossuet, évêque de Meaux, composée sur les manuscrits originaux, par M. le cardinal de Bausset. *Versailles*, 1819, 4 vol. in-8, demi-rel. dos et coins de maroq. vert. (*Kœhler.*)

982. Études sur la vie de Bossuet, par A. Floquet. *Paris, Firmin Didot*, 1853, 3 vol. in-8, portrait, demi-rel. v. f. n. rog.

983. Vie de M. Olier, fondateur du séminaire de Saint-Sulpice. *Paris, veuve Poussielgue-Rusand*, 1853, 2 vol. in-8, portrait, demi-rel. dos et coins de v. f. fil. n. rog. (*Gardien.*)

984. Vie de M. Emery, neuvième supérieur du séminaire et de la compagnie de St-Sulpice. *Paris, A. Jouby*, 1861-62, 2 vol. in-8, portrait, demi-rel. v. ant. tr. jasp.

985. Le R. P. H.-D. Lacordaire, de l'ordre des Frères prêcheurs, sa vie intime et religieuse, par le R. P. B. Chocarne, du même ordre. *Paris, veuve Poussielgue et fils*, 1866, 2 vol. in-8, portr. gr. demi-rel. dos et coins de v. f. fil. tr. peig. (*A. Pajard.*)

986. Vie du R. P. Lacordaire, par M. Froisset. *Paris, Lecoffre fils*, 1870, 2 vol. gr. in-8, demi-rel. dos et coins de v. tr. peig.

987. Le R. P. Hyacinthe Besson, sa vie et ses lettres, par E. Cartier. *Paris, veuve Poussielgue et fils*, 1865, 2 vol. in-8, demi-rel. v.

988. Vie du R. P. Xavier de Ravignan de la Compagnie de Jésus, par le P. A. de Ponlevoy, de la même Compagnie. *Paris, Ch. Douniol,* 1860, 2 vol. in-8, portrait, demi-rel. v. f. n. rog.

989. Le Père de Ravignan, sa vie, ses œuvres, par M. Poujoulat. *Paris, Ch. Douniol,* 1859, in-8, demi-rel. v. f. tr. jasp.

990. Vie de Denis-Auguste Affre, archevêque de Paris, par l'abbé P.-M. Cruice. *Paris et Lyon, Perisse fr.,* 1849, in-8, demi-rel. v. f. tr. jasp.

991. Vie de la sœur Rosalie, fille de la Charité, par M. le vicomte de Melun. *Paris,* 1857. — Les Femmes chrétiennes, par A. Rodière. *Toulouse,* 1845. Ens. 2 ouvr. in-12, demi-rel. v. f.

4. HISTOIRE ANCIENNE.

992. Rollin. Histoire ancienne. — Histoire romaine, — Traité des études. — *Paris,* 1740, 17 vol. in-4, v. jasp. fil. (*Bradel.*)

993. Histoire universelle de l'antiquité, par Fréd.-Chrét. Schlosser, traduit de l'allemand par M. P.-A. de Golbéry. *Paris, G. Levrault,* 1828, 3 vol. in-8, demi-rel. v. ant. tr. marbr.

994. Heeren. Ueber die Politik der Alten. *Göttingen,* 1824-26, 6 vol. in-8, demi-rel. v.

995. Manuel de l'histoire ancienne, traduit de l'allemand de A.-H.-L. Heeren. *Paris,* 1823, in-8, demi-rel. chagr. rouge.

996. De l'État et du sort des colonies des anciens peuples. *Philadelphie,* 1779, in-8, demi-rel. v. f. tr. marbr.

997. Des Anciens Gouvernements fédératifs et de la législation de Crète. *Paris, J. Jansen, an VII de la République française,* in-8, demi-rel. v. ant. tr. jasp. (*Ottmann.*)

998. De l'Abolition de l'esclavage ancien en Occident, par Ed. Biot. *Paris, J. Renouard*, 1840, in-8, demi-rel. v. f.

999. Histoire des Juifs écrite par Flavius Josèphe sous le titre de Antiquitez judaïques, traduite sur l'original grec par M. Arnaud d'Andilly. *Bruxelles, chez Eug.-H. Fricx, impr. du Roi, s. d.*, 5 vol. in-12, front. gr. et nombr. fig. int. dans le texte, v. ant. tr. rouges.

1000. Histoire des institutions de Moïse et du peuple hébreu, par J. Salvador. *Paris, Ponthieu*, 1828, 3 vol. in-8, demi-rel. v. ant. (*Kœhler.*)

1001. Histoire de la domination romaine en Judée et de la ruine de Jérusalem, par J. Salvador. *Paris, Guyot et Scribe*, 1847, 2 vol. in-8, demi-rel. v. ant. (*Kœhler.*)

1002. La Palestine sous les empereurs grecs, 326-636; thèse présentée à la Faculté des lettres de Paris par Alph. Couret. *Grenoble*, 1869, in-8, d.-rel. v. f. à nerfs, n. rog.

1003. Manuel d'histoire ancienne de l'Orient jusqu'aux guerres médiques, par Fr. Lenormant. *Paris, A. Lévy fils*, 1868-69, 3 vol. in-12, d.-rel. veau.

1004. Herodoti Musæ, gr. et lat., ed. Schweighæuser. *Argentorati*, 1816-24, 7 vol. in-8, demi-rel. v. f.

1005. Histoire d'Hérodote, traduite du grec (par P.-H. Larcher), avec des remarques historiques et critiques, un Essai sur la chronologie d'Hérodote et une Table géographique. *Paris, Guill. De Bure l'aîné, an XI*, 1802, 9 vol. in-8, v. f. dos orné, fil. tr. marbr.

1006. Histoire d'Hérodote, suivie de la Vie d'Homère, nouvelle traduction par A.-F. Miot. *Paris, Firm. Didot*, 1822, 3 vol. in-8, d.-rel. v. bleu, tête jasp. n. rog. (*Kœhler.*)

1007. Thucydidis Historiæ, gr. et lat. *Biponti,* 1788, 6. vol. in-8, v. f. tr. dor. (*Lefèvre.*)

1008. Histoire de Thucydide, fils d'Olorus, traduite du grec par Pierre-Charles Lévesque. *Paris,* 1795, 4 vol. in-8, v. f. ant.

1009. Histoire de la guerre du Péloponnèse de Thucydide, traduction par E.-A. Bétant. *Paris, Hachette,* 1863. — Essai sur Thucydide, par Julien Girard. *Paris, Charpentier,* 1860. Ens. 2 vol. in-12, d.-rel. v. f. tr. jasp.

1010. Xenophontis Opera, gr. et lat., ex recens. Wells, cura Ernesti. *Lipsiæ,* 1763. — Sturzius, Lexicon Xenophonteum. *Lepsiæ,* 1801. Ens. 8 v. in-8, v. bl. fil.

1011. OEuvres complètes de Xénophon. *Paris, Lefèvre et Garnier frères,* 1842, 2 vol. in-12, d.-rel. v. f. (*Kœhler.*)

1012. OEuvres complètes de Xénophon, traduction nouvelle par Eug. Talbot. *Paris, Hachette,* 1859, 2 vol. in-12, d.-rel. v. f.

1013. La Cyropédie, essai sur les idées morales et politiques de Xénophon, par Hemardinquer. *Paris, Thorin,* 1872, gr. in-8, br. neuf, n. c.

1014. La Cyropédie, ou histoire de Cyrus, traduite du grec de Xénophon par M. Dacier. *Paris, les frères de Bure,* 1727, 2 vol. in-12, veau fauve, dent. tr. marbr.

1015. Histoire des expéditions d'Alexandre, rédigée sur les mémoires de Ptolémée et d'Aristobule, ses lieutenants, par Flave Arrien de Nicomédie, traduction par P. Chaussard. *Paris, Genets, an XI* (1802), 3 vol. in-8, veau f. fil. tête dor. n. rog. (*Kœhler.*)

1016. Examen critique des anciens historiens d'Alexandre le Grand, par Sainte-Croix, édition ornée de huit planches gravées en taille-douce.

Paris, 1810, 1 vol. in-4, demi-rel. dos et coins de veau f. à nerfs et ornés, tr. peig.

1017. Description de la Grèce de Pausanias, traduction nouvelle, avec le texte grec, par E. Clavier. *Paris, Eberhart, impr. du Collége royal de France*, 1814-21, 6 vol. in-8, demi-rel. v. ant. n. rog. (*Kœhler.*)

1018. Bibliothèque historique de Diodore de Sicile, traduite du grec par A.-J. Miot. *Paris, Impr. royale*, 1834-38, 7 vol. in-8, demi-rel. veau bleu, tête jasp. n. rog. (*Kœhler.*)

1019. Les Cinq premiers Livres des histoires escriptes par Polybe Megalopolitain, traduitz en frãçois par Louis Maigret, Lyonnois. *On les vend à Paris, en la rue Neuve Nostre-Dame, à l'enseigne saint Jehan-Baptiste, par Denys Ianot, impr. et libr.*, 1542, pet. in-4, veau ant. fil. à fr. comp. (*Closs.*)

1020. Polybe. Histoire générale, traduction nouvelle par M. Félix Bouchot. *Paris, Charpentier*, 1847, 3 vol. in-12, d.-rel. v. f. (*Kœhler.*)

1021. L'Empereur Héraclius et l'empire byzantin au VIIe siècle, par L. Drapeyron. *Paris, Ern. Thorin,* 1869, in-8, demi-rel. dos et coins de v. f. fil. dos orné et à nerfs, n. rog. (*Petit, succ. de Simier.*)

1022. L'Empire grec au Xe siècle, Constantin Porphyrogénète, par Alf. Rambaud. *Paris, A. Franck*, 1870, gr. in-8, demi-rel. dos et coins de maroq. br. du Lev. à nerfs, tête dor. n. rog.

1023. Antiquités grecques, ou Tableau des mœurs, usages et institutions des Grecs, traduit de l'anglais de Robinson. *Paris, Verdière*, 1822, 2 vol. in-8, d.-rel. v. ant. tr. marbr.

1024. La Cité antique, étude sur le culte, le droit, les institutions de la Grèce et de Rome, par Fustel de Coulanges. *Paris, Durand*, 1864, in-8, demi-rel. dos et coins de veau f. tr. peig.

1025. Histoire critique de l'établissement des colonies grecques, par M. Raoul-Rochette. *Paris, Treuttel et Würtz*, 1815, 4 vol. in-8, demi-rel. v. ant.

1026. Voyage du jeune Anacharsis en Grèce, vers le milieu du IVe siècle avant l'ère vulgaire, par J.-Jacq. Barthélemy. *A Paris, de l'impr. de Didot jeune, l'an VII*, 7 vol. in-4, et atlas in-fol. pap. vél. d.-rel. dos et coins de maroq. rouge n. rog. (*Kœhler.*)

1027. Voyage d'Anacharsis en Grèce vers le milieu du IVe siècle avant l'ère vulgaire, par J.-J. Barthélemy. *Paris, Bossange père*, 1829, fort vol. in-8, texte à deux col. portr. gr. cartes et fig. rel. en v. orn. à fr. tr. marbr.

1028. Études de l'histoire ancienne et de celle de la Grèce, par Pierre-Ch. Lévesque. *Paris, Fournier frères*, 1811, 5 vol. in-8, demi-rel. v. ant. tr. marbr.

1029. Histoire grecque et histoire romaine, par Victor Duruy. *Paris, L. Hachette*, 1850-51, 2 vol. in-12, figures et cartes, demi-rel. v. f. n. rog. (*Kœhler.*)

1030. Histoire de la Grèce ancienne, par V. Duruy. *Paris, Hachette*, 1862, 2 vol. in-8, demi-rel. v. gris, tr. jasp.

1031. Ernst Curtius. Griechische Geschichte. *Berlin*, 1857, 3 vol. in-8, br.

1032. G. Grote. Histoire de la Grèce, depuis les temps les plus reculés jusqu'à la fin de la génération contemporaine d'Alexandre le Grand, trad. de l'anglais par L. de Sadous. *Paris, A. Lacroix-Verboeckhoven et Cie*, 1864-67, 19 tomes en 10 vol. in-8, demi-rel. dos et coins de veau f. tr. marbr.

1033. L'Acropole d'Athènes, par E. Beulé. *Paris, Firm. Didot frères*, 1853-54, 2 vol. gr. in-8, pap. vél. d.-rel. dos et coins de maroq. rouge n. rog. (*Ottmann-Duplanil.*)

1034. Le Sentiment religieux en Grèce. *Paris, L. Hachette*, 1869, in-8, demi-rel. dos et coins de maroq. rouge, n. r.

1035. Économie politique des Athéniens, traduit de l'allemand de M. Aug. Boeckh, par A. Laligant. *Paris, A. Sautelet*, 1828, 2 vol. in-8, demi-rel. dos et coins de v. f. fil. tr. marbr.

1036. Économie politique des Athéniens, ouvrage traduit de l'allemand de M. Aug. Boeckh, par A. Laligant. *Paris, Sautelet*, 1828, 2 vol. in-8, d.-rel. v. f. tête dor. n. r.

1037. Les Courtisanes grecques, par Ém. Deschanel, avec une préface de J. Janin. *Paris, Michel Lévy frères*, 1859, in-16, demi-rel. veau quadrillé n. rog.

1038. Titi Livii historiarum libri, cum notis diversorum, edente Drakenborch. *Lugd. Bat.*, 1738, 7 vol. in-4, v. mar. fil. non rog. frontisp. gr. et fil.

1039. Sallustii quæ exstant, cum notis diversorum, cura Havercampi. *Amsterd.*, 1742, 2 vol. in-4, vélin.

1040. Histoire de la République romaine dans le cours du VIIe siècle, par Salluste, en partie traduite du latin sur l'original. *A Dijon*, 1777, 3 v. in-4, portr. plans et fig. demi-rel. dos et coins de v. f. fil.

1041. J. Cæsaris quæ exstant omnia. *Lugd. Bat.*, 1713, in-8, mar. rouge, fil. tr. dor. (*Reliure anglaise.*)

1042. J. Cæsaris Commentarii cum notis, edente Oudendorpio. *Lugd. Bat.*, 1737, 2 vol. in-4, fr. gr. v. gr. fil.

1043. Taciti Opera, edidit Brotier. *Parisiis*, *Delatour*, 1771, 4 vol. in-4, v. marbr.

1044. Tacite, traduit par Dureau de Lamalle, avec le texte en regard, revu, corrigé et augmenté des Suppléments de Brotier, traduits par M. Noël. *Paris*, *Michaud*, 1827, 6 vol. in-8, carte et portr. demi-rel. dos et coins de v. f. n. rog. (*A. Pajard.*)

1045. OEuvres complètes de Tacite, traduction avec le texte en regard, des variantes et des notes, par J.-L. Burnouf. *Paris*, *L. Hachette*, 1833, 6 vol. in-8, d.-rel. v. ant. tr. marbr.

1046. Suetonius, cum commentariis Pitisci. *Traj. ad Rhen.*, 1690, 2 vol. in-8, fig. v. ant. (*Bozérian.*)

1047. Histoire romaine de Dion Cassius, traduite en français, avec des notes critiques, historiques, etc., et le texte en regard par E. Gros, et continué par V. Boissée. *Paris*, *Firmin Didot*, 1845-63, 6 vol. gr. in-8, demi-rel. maroq. rouge à nerfs. (*Ottmann.*)

1048. Panégyrique de Trajan, par Pline le Jeune, traduction avec le texte en regard par J.-L. Burnouf. *Paris, Delalain*, 1834, pet. in-12, d.-rel. dos et coins de veau bleu foncé. (*Ottmann-Duplanil.*)

1049. Histoire romaine, écrite par Xiphilin, par Zonare et par Zosime, traduite sur les originaux grecs, par M. Cousin. *Paris* (*à la Sphère*), 1686, 2 vol. — Histoire de l'Eglise, écrite par Eusèbe, évêque de Césarée, traduite par M. Cousin. *Paris* (*à la Sphère*), 1686, 5 tom. en 6 vol. — Histoire de Constantinople, depuis le règne de l'ancien Justin jusqu'à la fin de l'empire, traduite par M. Cousin. *Paris* (*à la Sphère*), 1685, 8 tomes en 10 vol. Ens. 18 vol. in-12, vél. de Holl.

1050. Essai sur la topographie du Latium; thèse pour le doctorat présentée à la faculté des lettres de Paris, par Ernest Desjardins. *Paris*, *Aug. Durand*, 1854, demi-rel. dos et coins de maroq. rouge, n. rog.

1051. Bocking. Notitia dignitatum imperii romani. *Bonnæ*, 1853, 2 vol. in-8, demi-rel. mar. *fig. en couleurs.*

1052. Antiquités romaines, ou tableau des mœurs, usages et institutions des Romains; traduit de l'anglais par Alex.-L.-L. D**. *Paris*, *Verdière*, 1818, 2 vol. in-8, v. porph. fil. tr. marbr.

1053. Economie politique des Romains, par M. Dureau de la Malle. *Paris*, *L. Hachette*, 1840, 2 vol. in-8, demi-rel. v. f. n. rog. (*Kœhler.*)

1054. Réflexions sur les divers génies du peuple romain dans les divers temps de la république, par Saint-Evremond. *A Paris*, *Aug. Renouard*, 1795, in-8, portrait gr. demi-rel. dos et coins de maroq. rouge, tête dor. n. rog.

1055. Dissertation sur l'incertitude des cinq premiers siècles de l'histoire romaine, par L. de Beaufort. *Paris*, *E. Maillet*, 1866, in-8, demi-rel. dos et coins de v. f. tr. peigne.

1056. Histoire critique de la république romaine, par P.-Ch. Levesque. *Paris*, *Dentu*, 1807, 3 vol. in-8, demi-rel. v. ant. tr. marb.

1057. Histoire romaine de M. B.-G. Niebuhr, traduit de l'allemand par P.-A. de Golbéry. *Paris*, *G. Levrault*, 1830-40, 7 vol. in-8, demi-rel. v. ant. tr. marbr.

1058. Histoire romaine, par Michelet. *Paris*, *Hachette*, 1833, 2 vol. in-8, demi-rel. v. ant. tr. marbr.

1059. Geschichte Roms von Drumann. *Kœnigsberg*, 1834, 6 vol. in-8, demi-rel. v. ant.

1060. Romische Geschichte, von Hœck. *Braunsweig*, 1841, 3 vol. in-8, demi-rel. v. ant.

1061. Etudes sur l'histoire romaine, par Prosper Mérimée. *Paris, Victor Mogen,* 1844, 2 vol. in-8, demi-rel. dos et coins de maroq. vert, n. rog. (*Kœhler.*)

1062. Histoire romaine, par Théodore Mommsen, traduite par M. C.-A. Alexandre. *Paris, Alb.-L. Herold*, 1863-68, 6 vol. in-8, br. non rognés.

Exemplaire complètement neuf.

1063. L'histoire romaine à Rome, par J.-J. Ampère. *Paris, Michel Lévy fr.*, 1863-64, 4 vol. in-8, demi-rel. chagr. vert clair, tête dor. n. rog.

1064. Théodore Mommsen. Romische Geschichte. *Berlin,* 1856, 3 vol. in-8, demi-rel. v. f.

1065. Histoire des Romains depuis les temps les plus reculés jusqu'à la fin du règne des Antonins, par V. Duruy. *Paris, Hachette,* 1870-71, 3 vol. in-8, br. non coupés.

1066. Histoire des chevaliers romains, par Em. Belot. *Paris, Durand*, 1866, gr. in-8, br. neuf, n. c.

1067. Histoire de la préture, études sur l'histoire romaine, par Ed. Labatut. *Paris, Ern. Thorin,* 1868, in-8, demi-rel. dos et coins de v. f. fil. tr. peigne. (*Petit, successeur de Simier.*)

1068. Etat du monde romain vers le temps de la fondation de l'empire, par V. Duruy. *Paris, Hachette*, 1853, in-8, demi-rel. v. f. tr. jasp.

1069. Cicéron et ses amis, étude sur la société romaine du temps de César, par Gaston Boissier. *Paris, Hachette*, 1865, in-8, demi-rel. dos et coins de v. f. tr. peig.

1070. Histoire de Jules César (par Napoléon III). *Paris*, *H. Plon*, 1865-66, 2 vol. in-8, br. et atlas color.

1071. Rome au siècle d'Auguste, ou Voyage d'un Gaulois à Rome à l'époque du règne d'Auguste et pendant une partie du règne de Tibère. *Paris, Dezobry et Cie*, 1846-47, 4 vol. in-8. Plan et vues de Rome antique, demi-rel. mar. vert myrte. (*Kœhler.*)

1072. Examen critique des historiens anciens de la vie et du règne d'Auguste, par E. Egger. *Paris, Dezobry*, 1844, in-8, demi-rel. v. f. tr. jasp. (*Lebrun.*)

1073. Mœurs romaines du règne d'Auguste à la fin des Antonins, par L. Friedlænder, trad. par Ch. Vogel. *Paris, C. Reinwald*, 1865-67, 2 vol. in-8, demi-rel. dos et coins de v. f. fil. tr. marb.

1074. Histoire de la décadence et de la chute de l'empire romain, traduite de l'anglais d'Edouard Gibbon, par M. F. Guizot. *Paris, Ledentu*, 1828, 13 vol. in-8, demi-rel. v. ant. tr. marbr.

1075. Les Empereurs romains, caractères et portraits historiques, par Jules Zeller. *Paris, Didier et Cie*, 1863, in-8, demi-rel. dos et coins de veau f. tr. peig. (*A. Pajard.*)

1076. Histoire des Césars jusqu'à Néron, par le comte de Champagny. *Paris*, 1847, 4 tomes en 2 vol. in-8, demi-rel. v. f. (*Ébarbés.*)

1077. Rome et la Judée au temps de la chute de Néron, par le comte de Champagny. *Paris, J. Lecoffre et C*[illegible], 1858, carte, in-8, demi-rel. dos et coins de v. f. non rogné. (*Gardien.*)

1078. Les Césars du troisième siècle, études de l'empire romain, par le comte de Champagny. *Paris, Bray et Retaux*, 1870, 3 vol. in-8. demi-rel. dos et coins de v. f. fil. tr. peig.

1079. Les Antonins, par le comte de Champagny, suite des Césars et de Rome et la Judée. *Paris*, *Ambr. Bray*, 1863, 3 vol. gr. in-8, demi-rel. dos et coins de v. f.

1080. L'Église et l'empire romain au IVe siècle, par Alb. de Broglie. *Paris*, *Didier*, 1856-66, 6 vol. gr. in-8, demi-rel. dos et coins de maroq. rouge à nerfs, non rog. (*Ottmann-Duplanil.*)

1081. Des Changements opérés dans toutes les parties de l'administration de l'empire romain, sous les règnes de Dioclétien, de Constantin et de leurs successeurs, jusqu'à Julien, par J. Naudet. *Paris*, *Treuttel et Würtz*, 1817, 2 vol. in-8, demi-rel. dos et coins de mar. rouge. (*Ottmann-Duplanil.*)

5. HISTOIRE GÉNÉRALE DE L'EUROPE AU MOYEN AGE ET DANS LES TEMPS MODERNES.

1082. L'Europe au moyen âge, traduit de l'anglais de M. Henry Hallam, par MM. P. Dupont et A. Borghers. *Paris*, *Furne*, 1828, 4 vol. in-8, demi-rel. v. ant. tr. marbr.

1083. Précis de l'histoire du moyen âge, par M. Desmichels. *Paris*, 1827, in-8, demi-rel. v. f. tr. marbr.

1084. Histoire de l'établissement, des progrès et de la décadence de la monarchie des Goths en Italie, par J. Naudet. *Paris*, 1811, in-8, demi-rel. v. f. (*Gardien.*)

1085. Histoire des croisades, par Michaud, précédée d'une Vie de Michaud, par M. Poujoulat. *Paris*, *Furne*, 1841, 6 vol. in-8, portrait, figures, gr. sur ac. demi-rel. v. bleu, tête jasp. n. rog. (*Kœhler.*)

1086. Expéditions et pèlerinages des Scandinaves en terre sainte, aux temps des croisades, par P. Riant. *Paris*, 1865, in-8, demi-rel. v. f.

1087. La Conquête de Constantinople, par Geoffroy de Ville-Hardouin, avec la continuation de Henri de Valenciennes, texte original, accompagné d'une traduction, par M. Natalis de Wailly. *Paris, Firm. Didot*, 1872, in-4, carte, br. neuf.

1088. Essai sur l'influence des croisades, par L. Heeren, traduit de l'allemand par Ch. Villers. *Paris*, 1808, in-8, demi-rel. v. ant. tr. marbr.

1089. Les Juifs d'Occident, ou Recherches sur l'état civil, le commerce et la littérature des Juifs en France, en Espagne et en Italie, pendant la durée du moyen âge, par Arth. Beugnot. *Paris*, 1824, in-8, demi-rel. dos et coins de maroq. vert myrte. (*Ottmann.*)

1090. Études sur les barbares et le moyen âge, par E. Littré. *Paris, Didier*, 1869, in-12, demi-rel. v. f.

1091. Vie militaire et religieuse au moyen âge et à l'époque de la Renaissance, par Paul Lacroix, ouvrage illustré de 14 chromolithographies et de 409 figures sur bois. *Paris, Firmin Didot*, 1874, in-4, br. n. c.

1092. Cours d'histoire moderne, par M. Guizot; Civilisation en France depuis la chute de l'empire romain jusqu'en 1789. *Paris, Pichon et Didier*, 1829-32, 6 vol. in-8, demi-rel. v. violet, tr. marb.

1093. Précis de l'histoire moderne, par Michelet. *Paris*, 1827, in-8, demi-rel. v. f. tr. marbr.

1094. Manuel historique du système politique des Etats de l'Europe et de leurs colonies, depuis la découverte des deux Indes, par M. Heeren, traduit de l'allemand sur la troisième édition. *Paris, Barrois l'aîné*, 1821, 2 tomes en 1 vol. demi-rel. v. ant. tr. jasp.

1095. Heeren. Vermischte Schriften (Historische Werke.) *Göttingen*, 1821, 3 vol. in-8, demi-rel. v. f.

1096. Heeren und Ukert. Geschichte der Europäischen Staaten. *Hamburg,* 1832-53, 5 vol. in-8, demi-rel. v. f.

1097. Raumer. Geschichte Europas. *Leipzig,* 1832, 6 vol. in-8, demi-rel. v. ant.

1098. Histoire de la royauté, considérée dans ses origines, jusqu'à la formation des principales monarchies de l'Europe, par le comte Alex. de Saint-Priest. *Paris,* 1842, 2 vol. in-8, demi-rel. dos et coins de maroq. rouge à nerfs, non rog.

1099. Tableau des révolutions, ou Système politique de l'Europe, depuis la fin du xve siècle, par Fréd. Ancillon. *Paris,* 1823, 4 vol. in-8, demi-rel. v. ant. tr. marbr.

1100. Eichhorn. Geschichte der drey letzten Jahrhunderte. *Hannover,* 1817, 6 vol. in-8, demi-rel. v. ant.

1101. Tableau politique de l'Europe (1786-96), par Ségur. *Paris, Alexis Eymery,* 1824-25, 3 vol. in-8, demi-rel. v. ant. tr. marbr.

1102. Dorn. Denkwürdigkeiten meiner Zeit. *Lemgo,* 1814, 5 vol. in-8, demi-rel.

1103. Histoire de l'Europe pendant la Révolution française, par H. de Sybel, traduite de l'allemand par Mlle Marie Bosquet, inspectrice des salles d'asile de l'académie de Bordeaux. *Paris, Germer-Baillière,* 1869-70, 2 vol. in-8, br.

1104. Les Frontières de la France, par Th. Lavallée. *Paris, Furne,* 1864, carte col. — Études contemporaines sur l'Allemagne et les pays Slaves, par Éd. Laboulaye. *Paris,* 1856. — Histoire des Hongrois et de leur littérature politique, par Éd. Sayous. *Paris,* 1872. Ens. 3 vol. in-12, br.

6. HISTOIRE DE FRANCE.

a. *Histoire générale.*

1105. Dictionnaire historique de la France, par Ludovic Lalanne. *Paris*, *Hachette*, 1872, gr. in-8, demi-rel. chagr. bleu, plats toile.

1106. Collection de mémoires relatifs à l'histoire de France, publ. par Petitot et Monmerqué. *Paris*; *Foucault*, 1819-27 (1re série) 52 vol. — Brantôme, 8 vol. — (2me série) 78 tomes en 79 vol. Ensemble 139 vol. in-8, demi-rel. v. f. non rog.

1107. Collection de la Société de l'histoire de France. *Paris*, *Renouard*, 68 vol. in-8, dos et coins de mar. rouge, n. rog. et 45 vol. in-8, br. n. c. Ens. 113 vol.

Les ouvrages reliés sont :

Mathieu Molé, 4 vol. — Mazarinades, 5 vol. — Mathieu d'Escouchy, 3 vol. — Mémoires de Daniel de Cosnac, 2 vol. — Journal de Barbier, 4 vol. — D'Argenson, 9 vol. — Maximilien Ier, 2 vol. — Commines, 3 vol. — Jeanne d'Arc, 5 vol. — Mémoires de Fenin, 1 vol. — Mémoires de Marguerite de Valois, 1 vol. — Registres de l'Hôtel de ville, 3 vol. — Vie de saint Louis, 6 vol. — Lettres de Mazarin, 1 vol. — Monstrelet, 6 vol. — Grégoire de Tours, 4 vol. — Richer, 2 vol. — Eginhard, 2 vol. — Journal d'un bourgeois de Paris, 1 vol. — Nouvelles Lettres de la reine de Navarre, 1 vol. — Lettres de Marie d'Angoulême, 1 vol. — Mémoires de Coligny, 1 vol. — Rondeau des morts, 1 vol.

Les volumes brochés sont :

Blaise de Montluc, 5 vol. — Froissart, 4 vol. (tome Ier en deux part.). — Mme de Mornay, 2 vol. — Charles VI, 2 vol. — Bassompierre, 2 vol. — Suger, 1 vol. — Joinville, 1 vol. — Annales de saint Bertin, 1 vol. — Chronique d'Ernoul, 1 vol. — Histoire du Béarn, 1 vol. — Chroniques des Valois, 1 vol. — Brantôme, 6 vol. — Chroniques d'Angleterre, 3 vol. — Comptes de l'hôtel, 1 vol. — Beauvais d'Angis, 1 vol. — Chroniques de François Ier, 1 vol. — Les Miracles de saint Benoît, 1 vol. — Charles VII et Louis XI, 4 vol. — Le Livre des Miracles, 4 vol. — Chroniques d'Anjou (Introduction et tome Ier). — L'Annuaire-Bulletin est en feuilles.

1108. Collection des meilleures dissertations, notices et traités particuliers relatifs à l'histoire de France, par MM. C. Leber, J.-B. Salgues et J. Cohen. *Paris*, 1826-38, 20 vol. in-8, demi-rel. v. f. tr. marbr. (*Ottmann.*)

1109. Abrégé chronologique de l'histoire de France, par le président Hénault; nouvelle édition, publiée par C.-A. Walckenaer, suivie d'une nouvelle continuation depuis Louis XIV jusqu'à l'année 1821. *Paris, Amable Costes*, 1821, 3 vol. in-8, v. viol. dent. à fr. tr. marbr.

1110. Histoire des Français, par J.-C.-L. Simonde de Sismondi. *Paris, Treuttel et Würtz*, 1821-44, 31 vol. in-8, demi-rel. v. f. tr. marbr.

1111. Observations sur l'histoire de France, par l'abbé de Mably. *Paris, J. Brière*, 1823, 3 vol. in-8, demi-rel. v. ant. tr. marbr.

1112. Essais sur l'histoire de France, par M. Guizot. *Paris*, 1824, in-8, demi-rel. v. ant. tr. marb.

1113. L'Histoire de France, depuis les temps les plus reculés jusqu'en 1789, racontée à mes petits-enfants, par M. Guizot. *Paris, Hachette*, 1872-74, 3 vol. in-4, grav. dessinées sur bois par Alph. de Neuville, br. n. c.

1114. Lettres sur l'histoire de France pour servir d'introduction à l'étude de cette histoire, par Aug. Thierry. *Paris, Just Teissier*, 1834, in-8, demi-rel. v. ant. tr. marbr.

1115. Dix Ans d'études historiques par Th. Thierry. *Paris, Just Teissier,* 1835, in-8, demi-rel. v. ant. tr. marbr.

1116. Histoire de France, par M. Michelet. *Paris, L. Hachette, Chamerot et Lauwereyns*, 1833-67, 17 vol. in-8, demi-rel. v. ant. tr. marbr.

1117. Précis de l'histoire de France jusqu'à la Révolution, par Michelet. *Paris, Hachette*, 1833, in-8, demi-rel. v. ant. tr. marbr.

1118. Histoire des Français, depuis le temps des Gaulois jusqu'en 1830, par Théophile Lavallée. *Paris, J. Hetzel et Charpentier,* 1844, 4 vol. in-12, demi-rel. v. f.

1119. Französische Geschichte von Ranke. *Stuttgart*, 1852-61, 5 vol. in-8, demi-reliure maroq. (*Ottmann.*)

1120. Histoire de France, depuis les temps les plus reculés jusqu'en 1789, par Henri Martin. *Paris*, *Furne*, 1861, 17 vol. in-8, demi-rel. v. f. à nerfs fil. tête jasp. n. rog.

1121. Histoire de France, par M. Auguste Trognon, *Paris*, *L. Hachette*, 1863-65, 5 vol. gr. in-8, demi-rel. mar. r. à nerfs, n. rog.

1122. Histoire de France, depuis les origines jusqu'à nos jours, par M. C. Dareste. *Paris*, *Henri Plon*, 1865-68, 6 vol. in-8, demi-rel. mar. rouge à nerfs, tr. peigne.

1123. Origines gauloises, celles des plus anciens peuples de l'Europe, puisées dans leur vraie source, par la Tour d'Auvergne-Corret, premier grenadier de la République française. *A Hambourg*, 1801, in-8, portr. demi-rel. dos et coins de chagr. vert, tête jasp. n. rog. (*Kœhler.*)

1124. Recherches sur les prérogatives des dames chez les Gaulois, sur les cours d'amour, par M. le président Rolland. *Paris*, *Nyon l'aîné*, 1787, in-12, v. f. dent. tr. dor.

Aux armes.

1125. Histoire de la Gaule méridionale sous la domination des conquérants germains, par M. Fauriel. *Paris*, *Paulin*, 1836, 4 vol. in-8, demi-rel. chagr. viol. tr. jasp.

1126. Histoire des Gaulois, depuis les temps les plus reculés jusqu'à l'entière soumission de la Gaule à la domination romaine, par M. Am. Thierry. *Paris*, *L. Hachette*, 1835, 3 vol. in-8, demi-rel. v. f. tr. jasp.

1127. Histoire de la Gaule sous l'administration romaine, par M. Amédée Thierry. *Paris*, *Just*

Teissier, 1840, 3 vol. in-8, demi-rel. v. f. tr. peig. (*Kœhler*.)

1128. Recherches historiques et géographiques sur les grandes forêts de la Gaule et de l'ancienne France, par A. Maury. *Paris*, 1848, in-8, demi-rel. v. ant. tr. jasp.

1129. Les Forêts de la Gaule et de l'ancienne France, par Alfr. Maury. *Paris*, *Ladrange*, 1867, in-8, demi-rel. v. f. tr. peig.

1130. La Vie au temps des trouvères, croyances, usages et mœurs intimes des XIe, XIIe et XIIIe siècles, par Antony Méray. *Paris et Lyon*, *A. Claudin*, 1873, pet. in-8, pap. vergé, titre rouge et noir, br. neuf, n. c.

1131. Des Troubadours et des cours d'amour, par M. Raynouard. *Paris, Firm. Didot, impr. du roi*, 1817, gr. in-8, demi-rel. v. f. (*Kœhler*.)

1132. Recueil de divers écrits pour servir d'éclaircissements à l'histoire de France, par l'abbé Lebeuf. *Paris*, *chez J. Barrois*, 1738, 2 vol. in-12, cart. demi-rel. percal. n. rog.

1133. Dissertations sur différents sujets de l'histoire de France, par M. Bullet, professeur royal de théologie. *Besançon*, 1759, in-8, demi-rel. v. f. n. rog. (*Simier, rel. du roi*.)

Exemplaire en grand papier.

1134. Des Cérémonies du sacre, ou Recherches historiques et critiques sur les mœurs, les coutumes, les institutions et le droit public des Français dans l'ancienne monarchie, par M. C. Leber. *Paris et Reims*, 1825, in-8, orné de 48 planches, demi-rel. dos et coins de maroq. rouge, tête jasp. n. rog.

1135. Histoire de la Pairie de France et du Parlement de Paris, où l'on traite aussi des électeurs de l'Empire et du cardinalat, par M. D* B*. *A Londres*, *chez Samuel Harding*, 1740, in-12, frontisp. gr. demi-rel. dos et coins de v. f. fil. tr. peig.

1136. Traité des parlemens ou estats généraux, composé par Pierre Picault. *A Cologne, chez Pierre Marteau*, 1679, pet. in-16, maroq. vert fil. tête dor. (*Anc. rel.*)

Se place dans la collection des Elzeviers.

1137. Des Assemblées nationales en France, depuis l'établissement de la monarchie jusqu'en 1614, par le baron Henrion de Pansey. *Paris*, 1829, 2 vol. in-8, demi-rel. v. f. n. rog. (*Ottmann.*)

1138. Histoire des états généraux de France, par E.-J.-B. Rathery. *Paris*, 1845, in-8, demi-rel. v. f., tr. jasp.

1139. Histoire des états généraux considérés au point de vue de leur influence sur le gouvernement de la France, de 1355 à 1614, par G. Picot. *Paris*, *Hachette*, 1872, 7 vol. fort in-8, br. neuf, n. coup.

Grand papier vergé.

1140. Exposé des droits, honneurs, préséances et immunités de l'ancien clergé de France, avec le dénombrement et les revenus des anciens archevêques, évêques, chapitres, collégiales, cures, paroisses, abbayes et communautés d'hommes et de filles, comparé à l'état et aux revenus du clergé actuel, par un ancien ermite. *Paris*, 1824, in-8, cart. n. rog.

1141. Essai sur l'histoire de la formation et des progrès du Tiers-État. *Paris, Furne*, 1853, in-8, portr. grav. demi-rel. dos et coins de mar. rouge à nerfs, n. rog.

1142. Histoire de l'administration monarchique en France, depuis l'avénement de Philippe-Auguste jusqu'à la mort de Louis XIV, par A. Cheruel. *Paris, s. d.*, 2 vol. in-8, demi-rel. dos et coins de v. f. n. rog. (*Ottmann.*)

1143. Histoire de l'administration en France et des progrès du pouvoir royal, depuis le règne de Philippe-Auguste jusqu'à la mort de Louis XIV, par C. Dareste de la Chavanne. *Paris*, *Guillaumin*, 1848, 2 vol. in-8, demi-rel. v. f. n. rog. (*Kœhler.*)

1144. Histoire critique du pouvoir municipal, par C. Leber. *Paris*, *Audot*, 1828, in-8, v. f.

1145. Institutions provinciales, communales et corporations, par M. Just Paquet. *Paris*, 1835, in-8, demi-rel. v. f. (*Pajard.*)

Envoi autographe de l'auteur.

1146. Études administratives, par M. Vivien. *Paris*, *Guillaumin*, 1852, 2 vol. in-12, demi-rel. v. vert. (*Kœhler.*)

1147. Histoire des classes agricoles en France, depuis saint Louis jusqu'à Louis XIV, par C. Dareste de la Chavanne. *Paris*, *Guillaumin*, 1854, in-8, demi-rel. v. f. n. rog. (*Kœhler.*)

1148. Les Archives de la France, leurs vicissitudes pendant la Révolution, leur régénération sous l'Empire, par le marquis de Laborde. *Paris*, *veuve Renouard*, 1867, in-12, br.

1149. Histoire générale de la diplomatie française, depuis la fondation de la monarchie jusqu'à la fin du règne de Louis XIV, par M. de Flassan. *Paris*, *Treuttel et Würtz*, *de l'impr. de Crapelet*, 1811, 7 vol. in-8, pap. vél. fort, demi-rel. dos et coins de mar. bl. foncé, n. rog.

1150. Mémoire pour servir à l'histoire de la société polie en France, par L. Rœderer. *Paris*, *Firm. Didot*, 1835, in-8, dos et coins, demi-rel. maroq. r. n. rog.

b. *Histoire de France sous chaque règne.*

1151. Récits des temps mérovingiens, précédés de Considérations sur l'histoire de France, par Augustin Thierry. *Paris, Just Teissier*, 1840, 2 vol. in-8, demi-rel. v. bleu tr. jasp.

1152. Histoire des institutions mérovingiennes et du gouvernement des Mérovingiens jusqu'à l'édit de 1615, par J.-M. Lehuërou. *Paris, Joubert*, 1842, in-8, demi-rel. v. bl. tr. jasp.

1153. Dissertation sur plusieurs points de l'histoire des enfants de Clovis, premier du nom, roi de France, et sur quelques usages des Francs, par M. Lebeuf. *A Soissons, chez la veuve Courtois*, 1741, pet. in-8, demi-rel. dos et coins de v. f. fil. n. rog. (*Petit, succ. de Simier.*)

1154. Histoire des institutions carlovingiennes et du gouvernement des Carlovingiens, par J.-M. Lehuërou. *Paris, Joubert*, 1843, in-8, demi-rel. v. ant. tr. jasp. (*Kœhler.*)

1155. De la Féodalité, des Institutions de saint Louis et de l'influence de la législation de ce prince, par Mignet. *Paris, l'Huillier*, 1822, pet. in-8, demi-rel. dos et coins de v. f. à nerfs, fil. tr. marbr. (*Ottmann.*)

1156. Essai sur les Institutions de saint Louis, par Arthur Beugnot. *Paris, G. Levrault*, 1821, in-8, demi-rel. v. ant. tr. jasp. (*Kœhler.*)

1157. Saint Louis et Alphonse de Poitiers, étude sur la réunion des provinces du Midi et de l'Ouest à la couronne, par Edgar Boutaric. *Paris, Plon*, 1870, in-8, br. neuf, n. c.

1158. La France de saint Louis d'après la poésie nationale, par Ed. Sayous. *Paris, Durand*, 1866, in-8, cart. n. rog.

1159. Histoire de saint Louis, par J.-A.-Félix Faure. *Paris, Hachette*, 1866, 2 vol. in-8, demi-rel. maroq. rouge tr. peign.

1160. Histoire de saint Louis, roi de France, par le marquis de Villeneuve-Trans. *Paris, Paulin*, 1839, 3 vol. in-8, demi-rel. v. ant. tr. marbr.

1161. Froissart, étude littéraire sur le XIVe siècle, par M. Kervyn de Lettenhove. *Paris, A. Durand*, 1857, 2 vol. in-12, br. n. c.

1162. La France sous Philippe le Bel ; étude sur les institutions politiques et administratives du moyen âge, par Edgar Boutaric. *Paris, H. Plon*, 1861, in-8, br. neuf. n. c.

1163. Dissertation historique sur Jean Ier, roi de France et de Navarre, par M. Monmerqué. *Paris*, 1844, gr. in-8, fac-simile, demi-rel. dos et coins de maroq. r. n. rog.

1164. Bertrand du Guesclin et son époque, par D.-F. Jamisen, traduit de l'anglais par J. Braissac, avec introduction, notes originales, portrait, plans de bataille. *Paris, J. Rothschild*, 1866, in-8, demi-rel. dos et coins de v. f. fil. tête dor. n. rog.

1165. Les Demandes faites par le roi Charles VI touchant son état et le gouvernement de sa personne, avec les réponses de Pierre Salmon, son secrétaire et familier, publiées avec des notes historiques par A. Crapelet. *Paris*, 1833, gr. in-8, dix planches et fac-simile, demi-rel. dos et coins de maroq. rouge à nerfs, tête dor. n. rog.

Exemplaire en grand papier.

1166. Histoire du gouvernement de la France pendant le règne de Charles VII, par Hippolyte Dansin. *Paris, Aug. Durand*, 1858, in-8, demi-rel. v. f. (*Pajard.*)

1167. Histoire de Charles VII, roi de France, et de son époque (1403-61), par M. Vallet (de Viriville). *Paris, veuve J. Renouard*, 1863-65, 3 vol. in-8, demi-rel. v. bleu, tr. peig.

1168. Jacques Cœur et Charles VII, ou la France au xve siècle, étude historique, par Pierre Clément. *Paris, Guillaumin*, 1853, 2 vol. in-8, portrait gr., demi-rel. v. f. n. rog. (*Kœhler.*)

1169. Jeanne d'Arc, par Henri Martin. *Paris, Furne*, 1857, in-12, portrait, demi-rel. v. f.

1170. Jeanne d'Arc, par H. Wallon. *Paris, L. Hachette*, 1860, 2 vol. in-8, demi-rel. dos et coins de maroq. rouge n. rog.

1171. Premier Panégyrique de Jeanne d'Arc prononcé par Mgr l'évêque d'Orléans dans la cathédrale de Ste-Croix le 8 mai 1855. *Orléans et Paris*, 1869, gr. in-8, demi-percal. non rog.

1172. Histoire de Charles VIII, roi de France, par C. de Cherrier, *Paris, Didier*, 1868, 2 vol. in-8, br. neuf, n. c.

1173. Histoire de François Ier, roi de France, par M. Gaillard. *Paris, J. Blaise*, 1819, 4 vol. in-8, demi-rel. v. bleu, dos orné, tr. jasp.

1174. Captivité du roi François Ier, par M. Aimé Champollion-Figeac. *Paris, Impr. royale*, 1847, in-4, fac-simile, demi-rel. dos et coins de maroq. roug. tête jasp. n. rog. (*Kœhler.*)

1175. Histoire de Pierre Terrail, seigneur de Bayard, dit le bon Chevalier sans peur et sans reproche, par Alfred de Terrebasse. *Paris, Ladvocat*, 1828, portr. in-8, demi-rel. v. f. tête dor. n. rog.

1176. Histoire des Français des divers états aux cinq derniers siècles, par Alexis Monteil. *Paris, Janet et Cotelle*, 1844, 10 vol. in-8, demi-rel. v. ant. tr. marbr.

1177. Négociations diplomatiques entre la France et l'Autriche durant les trente premières années du xvie siècle, publiées par M. Le Glay. *Paris,*

Impr. royale, 1845, 2 vol. in-4, demi-rel. dos et coins de maroq. rouge n. rog. (*Kœhler.*)

1178. Histoire du XVIe siècle, par Hippolyte Fortoul. *Paris*, 1838, in-16, dem-irel. maroq. rouge, à nerfs, tête dor. n. rog.

1179. Jean de Morvillier, évêque d'Orléans, garde des sceaux de France; étude sur la politique française au XVIe siècle, par Gustave Baguenault de Puchesse. *Paris*, *Didier*, 1870, in-8 br.

1180. Lettres inédites de Diane de Poytiers, publiées par Georges Guiffrey. *Paris*, *veuve J. Renouard*, 1866, gr. in-8, portr. sur chine et fac-simile, demi-rel. dos et coins de maroq. rouge du Levant à nerfs, dos orné, fil. tête dor. n. rog.

1181. Correspondance du roi Charles IX et du sieur de Mandelot, gouverneur de Lyon pendant l'année 1572. Lettre des Seize au roi d'Espagne Philippe II, année 1591. *Paris*, *Crapelet*, 1833, gr. in-8, demi-rel. dos et coins de maroq. rouge à nerfs, tête dor. n. rog.

Exemplaire en grand papier.

1182. Le Cardinal de Lorraine, son influence politique et religieuse au XVIe siècle, par Guillemin. *Paris*, *Joubert*, 1847, in-8, demi-rel. v. f. tr. peig. (*A. Pajard.*)

1183. De la Démocratie chez les prédicateurs de la Ligue, par Ch. Labitte. *Paris*, 1841, in-8, demi-rel. v. bleu, tr. jasp.

1184. La Réforme et la Ligue en Champagne et à Reims, par E. Henry. *Saint-Nicolas* (*Meurthe*), 1867, in-8, br. n. c.

1185. La Ligue en Bretagne, par L. Grégoire. *Paris et Nantes*, 1856, gr. in-8, demi-rel. v. f.

1186. Histoire de France, Histoire de la Jacquerie, par Siméon Luce. — La Réforme et la Ligue en Anjou, par Ern. Mourin. — Essai sur l'administration de Turgot, par Gust. d'Huges. *Paris*, 1856-59, 3 vol. in-8, cart. n. rog.

1187. Histoire du règne de Henri IV, par Aug. Poirson. *Paris, Didier*, 1862-67, 4 vol. in-8 et atlas in-fol., demi-rel. dos et coins de maroq. rouge, tr. peig. (*A. Pajard.*)

1188. Recueil des lettres missives de Henri IV, publié par M. Berger de Xivrey. *Paris, Impr. royale*, 1843-46, 3 vol. in-4, demi-rel. dos et coins de maroq. rouge, n. rog. (*Kœhler.*)

1189. La Vie de Gaspard de Coligny, seigneur de Chastillon-sur-Loing. *Cologne (à la Sphère), chez Pierre Marteau*, 1686, in-12 vél.

Édition elzévirienne.

1190. Histoire de France sous Louis XIII, par A. Bazin. *Paris, Chamerot*, 1838, 4 vol. in-8, demi-rel. v. bleu, tr. marbr.

1191. Journal de monsieur le cardinal duc de Richelieu. *Amsterdam*, 1664, 1 vol. — Ministère de Richelieu. *Amsterdam*, 1664, 3 vol. — Histoire de Richelieu, par le sieur Aubery. *Cologne (à la Sphère), chez Pierre du Marteau*, 1666, 2 vol. — Mémoires pour l'histoire du cardinal duc de Richelieu. *Cologne (à la Sphère), chez Pierre Marteau*, 1667. Ens. 11 vol. pet. in-12, portr., demi-rel. dos et coins de maroq. rouge à nerfs, tr. peig.

1192. De l'Administration en France sous le ministère du cardinal de Richelieu, par J. Caillet. *Paris, Firm. Didot*, 1857, in-8, demi-rel. v. f. (*Gardien.*)

1193. Mémoires de la vie de Jacques-Auguste de Thou, conseiller d'État et président à mortier au parlement de Paris, traduits du latin en français. *A Rotterdam, chez Reinier Leers*, 1711, in-4, portrait, v. ant.

Les marges de cet ouvrage sont annotées au crayon.

1194. Mémoires de la vie de Théodore-Agrippa d'Aubigné, écrits par lui-même, avec les mémoires de Frédéric-Maurice de la Tour, prince de Sedan, une Relation de la cour de France en 1700, par M. Priolo. *Amsterdam,* 1731, in-12, veau f. fil. tr. dor. (*Rel. anc.*)

1195. Mémoires de Théodore-Agrippa d'Aubigné, publiés par Ludovic Lalanne. *Paris, Charpentier,* 1854, in-12, demi-rel. v. f. tr. jasp. (*Ottmann-Duplanil.*)

1196. Histoire du règne de Louis XIV, récits et tableaux, par M. Casimir Gaillardin. *Paris, Lecoffre fils*, 1871, 2 vol. gr. in-8 br.

Exemplaire neuf non coupé.

1197. Mémoires de Louis XIV, pour l'instruction du Dauphin, par Ch. Dreyss. *Paris, Didier,* 1860, 2 vol. in-8, demi-rel. v. f.

1198. Histoire de la régence et de la minorité de Louis XIV, par P.-E. Lemontey. *Paris, Paulin,* 1822, 2 vol. in-8, demi-rel. v. ant. tr. marbr.

1199. Histoire de France sous le ministère du cardinal Mazarin, par M. A. Bazin. *Paris, Chamerot,* 1842, 2 vol. in-8, demi-rel. v. bleu, tr. jasp. (*Lebrun.*)

1200. La Jeunesse de Mazarin, par Victor Cousin. *Paris, Didier,* 1865, in-8, demi-rel. maroq. rouge n. rog.

1201. Jvgement de tout ce qvi a esté imprimé contre le cardinal Mazarin, depuis le sixième janvier, jusques à la déclaration du premier avril mil six cens quarante-neuf (par Gabr. Naudé). *S. l. n. d.,* in-4, v. f. ant. fil. tr. marbr. (*Niedrée.*)

1202. Mémoires du duc de la Rochefoucauld. *Paris, Aug. Renouard,* 1804-17, 2 vol. in-12, d.-rel. maroq. citr. fil. tr. peig.

1203. Mémoires du cardinal de Retz, édition collationnée sur les manuscrits authentiques de la Bibliothèque royale. *Paris*, *Heuguet*, 1842, 2 vol. in-12, fac-simile, demi-rel. veau rose. (*Kœhler.*)

1204. Histoire des princes de Condé, pendant les XVIe et XVIIe siècles, par le duc d'Aumale. *Paris*, *Mich. Lévy frères*, 1863-64, 2 vol. in-8, portr. d.-rel. maroq. rouge, n. rog.

1205. La Jeunesse de madame de Longueville, par Victor Cousin. *Paris*, *Didier*, 1853, in-8, portr. demi-rel. dos et coins de maroq. rouge, n. r.

1206. Madame de Longueville pendant la Fronde (1651-53), par Victor Cousin. *Paris*. *Didier*, 1859, in-8, demi-rel. dos et coins de maroq. rouge, n. rog.

1207. Madame de Sablé, par M. Victor Cousin. *Paris*, *Didier*, 1854, in-8, demi-rel. dos et coins de maroq. rouge, n. rog. (*Kœhler.*)

1208. Mémoires touchant la vie et les écrits de Mme la marquise de Sévigné, durant la régence et la fronde, par le baron de Walckenaer. *Paris*, *Firm. Didot*, 1842-52, 5 vol. in-12, demi-rel. veau bleu, tête jasp. n. rog. (*Kœhler.*)

1209. L'Europe et les Bourbons sous Louis XIV, par Marius Topin. *Paris*, *Didier*, 1868, in-8, demi-rel. v. f. n. r.

1210. Histoire de la vie et de l'administration de Colbert, contrôleur général des finances, précédée d'une étude historique sur Nicolas Fouquet, surintendant des finances, par P. Clément. *Paris*, *Guillaumin*, 1846, in-8, demi-rel. dos et coins de maroq. bleu foncé, tr. jasp. (*Kœhler.*)

1211. Mémoires sur la vie publique et privée de Fouquet, surintendant des finances, par A. Chéruel. *Paris*, *Charpentier*, 1862, 2 vol. in-8, demi-rel. dos et coins de v. f. n. rog.

1212. Histoire de Louvois et de son administration politique et militaire, par Camille Rousset. *Paris*, *Didier*, 1862-63, 4 vol. in-8, demi-rel. dos et coins de maroq. rouge du Levant à nerfs jans. tête dor. n. rog. (*A. Bertrand.*)

1213. Négociations relatives à la succession d'Espagne sous Louis XIV, par M. Mignet. *Paris*, *Impr. royale*, 1835-42, 4 vol. in-4, d.-rel. dos et coins de maroq. rouge n. rog. (*Kœhler.*)

1214. Essai sur l'établissement monarchique de Louis XIV, et sur les altérations qu'il éprouva pendant la vie de ce prince (par Lemontey). *S. l. n. d.*, in-8, demi-rel. v. ant. tr. marbr.

1215. Histoire de Mme Henriette d'Angleterre, femme de Philippe de France, par Mme la comtesse de la Fayette, publiée par A. Bazin. *Paris*, *Techener*, 1853, portr. pet. in-12, dos et coins de maroq. rouge.

1216. Amours des dames illustres de France, sous le règne de Louis XIV. *A Cologne*, *chez Pierre Marteau*, *s. d.*, 2 vol. pet. in-12, front. gr. d.-rel. dos et coins de maroq. rouge, tête dor. n. rog. (*Ottmann-Duplanil.*)

1217. Madame de Montespan et Louis XIV, étude historique, par Pierre Clément. *Paris*, *Didier et Cie*, 1868, in-12, demi-rel. dos et coins de v. f. n. rog.

1218. La Famille d'Aubigné et l'enfance de Mme de Maintenon, par Théophile Lavallée. *Paris*, *H. Plon*, 1863, in-8, demi-rel. dos et coins de v. f. fil.

1219. Mémoires pour servir à l'histoire de Mme de Maintenon et à celle du siècle passé (par La Beaumelle). *Amsterdam*, 1755, 15 vol. in-12, portr. veau porph. fil. tr. marbr.

1220. Histoire de Mme de Maintenon, et des principaux événements du règne de Louis XIV, par le duc de Noailles. *Paris, Comptoir des impr. unis*, 1849-58, 4 vol. in-8, demi-rel. dos et coins de maroq. rouge, dos à nerfs, tr. peig.

1221. Éclaircissements historiques sur les causes de la révocation de l'édit de Nantes et sur l'état des protestants en France, depuis le commencement du règne de Louis XIV jusqu'à nos jours. *S. l.*, 1788, 2 vol. — Mémoires sur les moyens de donner aux protestants un état civil en France, composé de l'ordre du roi Louis XV, par M. Gilbert de Voisins. *S. l.*, 1788, 1 vol. Ens. 3 vol. pet. in-8, demi-rel. v. gris à nerfs, tr. peign.

1222. Histoire des troubles des Cévennes, ou de la guerre des Camisards, sous le règne de Louis XIV, par M. Court. *A Alais*, 1819, 3 vol. in-12, carte, demi-rel. v. f.

1223. Histoire des Pasteurs du désert, depuis la révocation de l'édit de Nantes jusqu'à la Révolution française (1685-1789), par Nap. Peyrat. *Paris*, 1842, 2 vol. in-8, demi-rel. v. f. tr. marbr.

1224. Histoire des réfugiés protestants de France, depuis la révocation de Nantes jusqu'à nos jours, par Ch. Weiss. *Paris*, *Charpentier*, 1853, 2 vol. in-12, d.-rel. v. f.

1225. Mémoires de Monsieur de Gourville, conseiller d'Etat, concernant les affaires auxquelles il a été employé par la cour, depuis 1642 jusqu'en 1698. *Amsterdam, et se trouve à Paris,* 1782, 2 vol. in-12, fort pap. vergé teinté, d.-rel. v. f. tête jasp. n. rog. (*Kœhler.*)

1226. Mémoires inédits de Louis-Henri de Loménie comte de Brienne, secrétaire d'Etat sous Louis XIV, publiés par F. Barrière. *Paris*, 1828, 2 vol. in-8, d.-rel. v. ant.

1227. Mémoires complets et authentiques du duc de Saint-Simon, sur le siècle de Louis XIV et la régence, par M. le marquis de Saint-Simon. *Paris*,

Sautelet et Alex. Mesnier, 1829-30, 21 vol. in-8, pap. vergé, demi-rel. v. f. tr. jasp.

Bel exemplaire.

1228. Saint-Simon considéré comme historien de Louis XIV, par A. Chéruel, *Paris, Hachette*, 1865, in-8, d.-rel. veau f. tr. jasp.

1229. Les Historiettes de Tallemant des Réaux, édition de MM. de Monmerqué et Paulin Paris. *Paris, J. Techener*, 1854-60, 9 vol. in-8, demi-rel. dos et coins de maroq. rouge, n. rog. (*Ottmann-Duplanil.*)

1230. Mémoires du président Hénault, écrits par lui-même, recueillis et mis en ordre par son arrière-neveu, par M. le baron de Vigan. *Paris, Dentu*, 1855, in-8, d.-rel. v. f. à nerfs, fleurons, tr. jasp.

1231. Mémoires du P. René Rapin de la Compagnie de Jésus, sur l'Eglise et la société, la cour, la ville et le jansénisme (1644-1669), publiés par Léon Aubineau. *Paris*, *Gaume frères et J. Duprey*, 1865, 3 vol. in-8, demi-rel. v. f. tr. marbr.

1232. Mémoires de Daniel Huet, évêque d'Avranches, traduits pour la première fois du latin en français par Ch. Nisard. *Paris, L. Hachette*, 1853, in-8. d.-rel. v. f.

1233. Bossuet, précepteur du Dauphin, fils de Louis XIV, et évêque à la cour (1670-1682), par A. Floquet. *Paris*, *Firmin Didot*, 1864, in-8, broché.

1234. Le Père de la Chaize, confesseur de Louis XIV ; études d'histoire religieuse, par R. de Chantelauze. *Lyon*, *Aug. Brun*, 1859, in-8. br.

1235. Le Gouvernement de Louis XIV, ou la cour, le gouvernement, l'administration, les finances et le commerce de 1683 à 1689, par P. Clément. *Paris*, *Guillaumin*, 1848, in-8, demi-rel. v. f. n. rog. (*Kœhler.*)

1236. La Cour et la ville sous Louis XIV, Louis XV et Louis XVI, ou révélations historiques, publiées par F. Barrière. *Paris*, 1830, in-8, demi-rel. v. f. à nerfs tr. jasp. (*Kœhler.*)

1237. De l'Administration de Louis XIV (1661-72), d'après les mémoires inédits d'Olivier d'Ormesson, par A. Chéruel. *Paris, Joubert*, 1850, in-8, d.-rel. v. f. n. r. (*Kœhler.*)

1238. La Police sous Louis XIV, par Pierre Clément. *Paris, Didier*, 1866, in-8, d.-rel. dos et coins de v. f. tr. peig.

1239. Musset (P. de). Originaux du XVIIe siècle. — Femmes de la régence, galerie de portr. *Paris, Charpentier*, 1848, 2 vol. in-12, demi-rel. v. rose, tr. jasp.

1240. Les Carrosses à cinq sols, ou les Omnibus du XVIIe siècle. *Paris, Firm. Didot*, 1828, in-12, demi-rel. dos et coins de chagr. rouge, tête dor. n. r. (*Kœhler.*)

1241. Quinze Ans du règne de Louis XIV (1700-15), par Ern. Moret. *Paris, Didier*, 1859, 3 vol. in-8, demi-rel. v. f. tr. jasp.

1242. Mémoires relatifs à l'histoire de France au XVIIIe siècle. *Paris, Firmin Didot frères*, 1846, 12 vol. rel. demi-rel. v. f. et 6 vol. in-12, br. n. c.

1243. Études sur le XVIIIe siècle, par Em. Bersot. *Paris, Aug. Durand*, 1855, 2 vol. in-18, br. n. c.

1244. Histoire des révolutions politiques et littéraires au XVIIIe siècle, par C. Schlosser, traduite de l'allemand par W. Suckau. *Paris*, 1825, 2 vol. in-8, d.-rel. v. ant. tr. marbr.

1245. L'Esprit public au XVIIIe siècle, étude sur les mémoires et les correspondances politiques des contemporains (1715-1789), par Ch. Aubertin. *Paris, Didier*, 1873, in-8, br.

1246. Chronique de la régence et du règne de Louis XV (1718-1763), ou journal de Barbier, avocat au Parlement de Paris, première édition complète. *Paris, Charpentier*, 1857, 8 vol. in-12, demi-rel. tr. jasp.

1247. Lettres nouvelles et inédites de la princesse Palatine, par A. Rolland. *Paris, Didot et Hetzel, s. d.*, demi-rel. v. f. n. rog.

1248. Correspondance de Madame, duchesse d'Orléans, née princesse Palatine, mère du régent, traduction par M. G. Brunet. *Paris, Charpentier*, 1855, 2 vol. in-12, demi-rel. v. f. (*Kœhler.*)

1249. Histoire de Law, par Ad. Thiers. *Paris, Mich. Lévy frères*, 1858, in-12, d.-rel. v. f. n. rog.

1250. Journal et mémoires de Mathieu Marais, sur sur la régence et le règne de Louis XV, publiés par M. de Lescure. *Paris, Firm. Didot*, 1863-68, 4 vol. in-8, demi-rel. v. f. à nerfs, tr. jasp.

1251. Tableaux de genre et d'histoire, sur la régence, la jeunesse de Louis XV et le règne de Louis XVI, recueillis et publiés par F. Barrière. *Paris, Ponthieu*, 1828, in-8, demi-rel. v. f. tr. jasp. (*Kœhler.*)

1252. Journal de la Régence (1715-1723), par Jean Buvat, publié par Emile Campardon. *Paris, Plon*, 1865, 2 vol. in-8, demi-rel. maroq. bleu fonc. fil. tête dor. n. rog.

1253. Le Comte de Gisors (1732-58), étude historique, par Cam. Rousset. *Paris, Didier*, 1868, in-8, demi-rel. dos et coins de maroq. rouge, n. rog.

1254. Mémoires, fragments historiques et correspondance de Mme la duchesse d'Orléans, princesse Palatine, mère du Régent, précédés d'une notice par Ph. Busoni. *Paris, Paulin*, 1832, in-8, demi-rel. v. f. tr. marbr.

1255. Histoire philosophique du règne de Louis XV, par le comte de Tocqueville. *Paris, Amyot, s. d.*, 2 vol. in-8, demi-rel. v. f. tête jasp. n. rog. (*Kœhler.*)

1256. Souvenirs de la maréchale princesse de Beauvau (née Rohan-Chabot), suivis des mémoires du maréchal prince de Beauvau, recueillis et mis en ordre par Mme de Stadisch. *Paris, L. Techener*, 1872, gr. in-8, portrait gr. demi-rel. dos et coins de maroq. rouge à nerfs, fleurons et fil. tête dor. n. rog. (*Petit, successeur de Simier.*)

Exemplaire en grand papier.

1257. Recherches historiques sur le système de Law, par E. Levasseur. *Paris, Guillaumin*, 1854, in-8, demi-rel. v. f. n. rog.

1258. Le Chancelier d'Aguesseau, sa conduite et ses idées politiques, par M. Francis Monnier. *Paris, Didier*, 1860, in-8, demi-rel. v. f.

1259. Le Président de Brosses, histoire des lettres et des parlements au XVIIIe siècle, par Ch. Foisset. *Paris, Olivier Fulgence*, 1842, in-8, demi-rel. dos et coins de chagr. rouge. (*Kœhler.*)

1260. L'État de la France. *A Paris, chez David le jeune*, 1749, 6 vol. in-12, v. marb.

1261. Piganiol de la Force. Introduction à la description de la France et au droit public de ce royaume. *Paris, Nic. Poirion*, 1752, 2 vol. carte. —Nouvelle Description de la France, dans laquelle on voit le gouvernement de ce royaume et celui de chaque province en particulier, avec des figures en taille-douce. *Paris, Nic. Poirion*, 1753-54, 13 vol. Ens. 15 vol. in-12, cartes, veau f. tr. marbr. (*Anc. rel.*)

1262. Mémoires et correspondance de Mme d'Épinay, où elle donne des détails sur ses liaisons

avec Duclos, J.-J. Rousseau, Grimm, Diderot, le baron d'Holbach, Saint-Lambert. *A Paris*, *Volland le jeune*, 1818, 3 vol. in-8, demi-rel. v. f. tr. jasp.

1263. L'Ancien Régime et la Révolution, par Alexis de Tocqueville. *Paris*, *Mich. Lévy fr.*, 1856, in-8, demi-rel. dos et coins de v. f. fil. n. rog. (*Ottmann.*)

1264. La France avant la Révolution, son état politique et social en 1787, à l'ouverture de l'assemblée des notables, par M. Raudot. *Paris*, *Paulin*, 1841, in-8, demi-rel. v. f.

1265. Du Gouvernement, des mœurs et des conditions en France, avant la Révolution, par M. Sénac de Meilhan. *Paris, Maradan*, 1814, in-8, demi-rel. v. f. à nerfs. (*Ottmann.*)

1266. Louis XVI et sa cour, par Amédée Renée. *Paris*, *Firm. Didot*, 1858, gr. in-8, demi-rel. chagr. rouge, n. rog. (*Pajard.*)

1267. Mémoires de la baronne d'Oberkirch, publiés par le comte de Montbrison son petit-fils. *Paris*, *Charpentier*, 1853, 2 vol. in-12, fac-simile, demi-rel. cuir de Russie, tête jasp. non rog. (*Petit, successeur de Simier.*)

1268. Turgot, philosophe, économiste et administrateur, par A. Batbie. *Paris*, *Cotillon*, 1861, tête jasp. n. rog.

1269. Correspondance secrète entre Marie-Thérèse et le comte de Mercy-Argenteau, avec les lettres de Marie-Thérèse et de Marie-Antoinette, publiée avec une introduction et des notes, par M. le chev. Alf. d'Arneth et M. A. Geoffroy. *Paris*, *Firm. Didot fr.*, 1874, 2 forts vol. in-8, br. neufs, n. c.

1270. Histoire du règne de Louis XVI pendant les années où l'on pouvait prévenir la révolution française, par Joseph Droz. *Paris, Jules Renouard*,

1839-42, 3 vol. in-8, demi-rel. v. bleu foncé, tr. marbr.

1271. Mémoires et souvenirs anecdotiques, par le comte de Ségur. *Paris, Alexis Eymery*, 1826-27, 3 vol. in-8, figure, demi-rel. v. bleu, tr. jasp.

1272. Les Assemblées provinciales sous Louis XVI, par Léonce de Lavergne. *Paris, Mich. Lévy fr.*, 1864, in-8, demi-rel. v. f. tr. peigne.

1273. Les Assemblées provinciales sous Louis XVI et les divisions administratives de 1789, par le vicomte de Luçay, *Paris, Georges de Graet*, 1871, in-8, br. neuf, n. c.

1274. Mémoires historiques de Stéphanie-Louise de Bourbon-Conti, écrits par elle-même. *Paris, chez l'auteur, rue Cassette, floréal an VI*, 2 vol. in-8, demi-rel. veau ant. tr. marb.

Bel exemplaire. Au premier volume, en regard du titre, se trouve la signature autographe de Stéphanie-Louise de Bourbon.

1275. La Vie de madame Élisabeth, sœur de Louis XVI, par M. A. de Beauchesne, enrichie de deux portraits, de fac-simile, d'autographes et de plans. *Paris*, *Plon*, 1869, 2 vol. in-8, demi-rel. maroq. vert myrte, tr. peigne.

1276. Correspondance de madame Élisabeth de France, sœur de Louis XVI, publiée par F. Feuillet de Conches. *Paris*, *H. Plon*, 1868, in-8, portr. sur chine, et fac-simile, demi-rel. dos et coins de maroq. rouge foncé, jans. tr. peigne. (*Petit, successeur de Simier.*)

1277. Beaumarchais et son temps, études sur la société en France au XVIIIe siècle, par Louis de Loménie. *Paris, Michel Lévy fr.*, 1873, 2 vol. in-12, br. neuf, n. c.

1278. Procès du collier, mémoire pour Louis-Edouard de Rohan, contre M. le procureur général. *Paris, de l'impr. de Cl. Simon*, 1786. — Sommaire pour la comtesse de Valois-Lamotte, accusée, contre M. le procureur général, accusateur. *Paris, de l'impr. de L. Cellot*, 1786, 2 vol. in-4, *portraits gr. et la planche du collier*, demi-rel. vél. bl. tr. r.

1279. Mémoire de M. Cléry, ou journal de ce qui s'est passé dans la tour du Temple pendant la détention de Louis XVI ; avec des détails sur sa mort, qui ont été ignorés jusqu'à ce jour. *Londres*, 1800, in-8, fig. demi-rel. v. f. n. r. (*Petit, successeur de Simier.*)

1280. Testament de Louis XVI, précédé de quelques réflexions, tant sur cet acte que sur d'autres écrits de Sa Majesté. *Dijon*, 1816. — Relation des derniers moments de Louis XVI, écrite par l'abbé Edgeworth de Firmont. *Dijon*, 1816. — Testament de Marie-Antoinette-Josèphe-Jeanne de Lorraine. *Dijon*, 1816. Ens. 3 plaq. petit in-8, sur papier rose et bleu, demi-percal. noire, avec pièces chagr. noir sur les plats.

1281. Louis XVII, sa vie, son agonie, sa mort; captivité de la famille royale au Temple, par M. A. de Beauchesne; édition enrichie d'autographes et plans, ornée de portraits en taille-douce. *Paris, H. Plon*, 1866, 2 vol. in-8, demi-rel. maroq. noir, tr. peign. (*Ottmann.*)

1282. Essais historiques sur les causes et les effets de la révolution française, par F. Beaulieu. *Paris, Maradan*, 1801-03, 6 vol. in-8, demi-rel. v. ant. tr. jasp.

1283. Wachsmuth. Geschichte Frankreichs im Revolutionszeitalter. *Hamburg*, 1844, 4 vol. in-8, demi-rel. v. f.

1284. Histoire des principes, des institutions et des lois de la Révolution française, depuis 1789 jusqu'à 1800, par M. F. Laferrière. *Paris*, 1850-51, in-12, demi-rel. v. ant. (*Kœhler.*)

1285. Réimpression de l'ancien Moniteur, depuis la réunion des états généraux jusqu'au Consulat (mai 1789 — novembre 1799), avec des notes explicatives, par M. Léonard Gallois. *Paris*, 1840-45, 32 vol. in-4, texte à deux col. demi-rel v. gris, tr. jasp.

Bel exemplaire.

1286. Histoire de la Révolution française, par M. A. Thiers. *Paris, Lecointre et Alex. Mesnier*, 1828-29. 10 vol. in-8, demi-rel. v. ant. tr. marbr.

1287. Histoire de la Révolution française, depuis 1789 jusqu'en 1814, par F.-A. Mignet. *Paris*, 1833, 2 vol. in-8, demi-rel. v. ant. tr. marbr.

1288. Histoire de la Révolution française (1789-1799), par Théod.-H. Barrau. *Paris, L. Hachette*, 1857, in-12, demi-rel. v. f. (*Gardien.*)

1289. Mémoires biographiques, littéraires et politiques de Mirabeau, écrits par lui-même. *Paris, Aug. Auffray*, 1834-35, 8 vol. in-8, portrait, demi-rel. dos et coins de v. f. ant. fil. tr. jasp.

1290. Mirabeau et la Constituante, par Hermile Reynald. *Paris, Didier*, 1872, in-8, br. neuf, n. c.

1291. Mémoires et correspondance de Mallet du Pan, pour servir à l'histoire de la Révolution française, recueillis et mis en ordre par A. Sayous. *Paris*, 1851, 2 vol. in-8, demi-rel. v. f. tr. jasp.

1292. Vie de Lazare Hoche, général des armées de la République française, par Alex. Rousselin. *A Paris, an VIII*, in-12, cartes, portrait, demi-rel. v. f.

1293. Histoire générale et impartiale des erreurs, des fautes et des crimes commis pendant la Révolution française. *Paris, an V de la République*, 6 tomes en 5 vol. in-8, figures, rel. v. f. tr. jasp.

Dictionnaire des individus condamnés à mort pendant la Révolution,

2 vol. — Assemblée constituante et Assemblée législative, 2 vol. — Convention nationale, 2 vol.

1294. La Révolution et l'ordre chrétien, par Auguste Nicolas. *Paris, Em. Vaton*, 1873, in-8, br.

1295. Essai historique et patriotique sur les arbres de la liberté, par Grégoire, membre de la Convention nationale. *A Paris, an II de la République française*, pet. in-16, demi-rel. dos et coins de maroq. rouge, tête dor. n. rog.

1296. Histoire particulière des événements qui ont eu lieu en France pendant les mois de juin, de juillet, d'août et de septembre 1792, et qui ont opéré la chute du trône royal, par M. Maton de la Varenne. *Paris*, 1806, in-8, demi-rel. veau. (*Petit, successeur de Simier.*)

1297. Histoire secrète du tribunal révolutionnaire, par M. de Proussinalle. *A Paris, chez Lerouge*, 1815, 2 vol. in-8, v. f. ant. fil.

1298. Compte rendu aux sans-culottes de la République française, par très-haute, très-puissante et très-expéditive dame Guillotine, dame du Carrousel, de la place de la Révolution, de la Grève et autres lieux, rédigé et présenté aux amis de ses prouesses, par le citoyen Tisset, coopérateur du succès de la Révolution française. *Paris, an II de la mort du tyran. De l'impr. du calculateur patriote, au corps sans tête*, in-8, curieux front. gr. demi-rel. chagr. rouge, n. r.

Au bas du titre se trouve cette note : « Ce livre est une exécrable infamie d'un des plus grands scélérats que la terre ait portés; je ne conserve cette monstruosité que comme un monument d'opprobre et d'extravagance. »

1299. La Justice révolutionnaire à Paris, Bordeaux, Brest, Lyon, Nantes, Orange, Strasbourg, d'après les documents originaux, par Ch. Berriat Saint-Prix. *Paris*, 1861, in-12, demi-rel. maroq. noir à nerfs, jans. tr. jasp.

1300. Consolations de ma captivité, ou correspondance de Roucher, mort victime de la tyrannie

décemvirale. *Paris, an VI de la République* (1797), 2 part. en 1 vol. in-8, portrait, demi-rel. v. f.

1301. Charlotte Corday décapitée à Paris, ou Mémoire pour servir à l'histoire de la vie de cette femme célèbre, par Couet-Gironville. *A Paris, an IV*, in-8, portrait, demi-rel. v. f. quadr. n. rog.

1302. Charlotte Corday, essai historique sur la personne et l'attentat de cette héroïne, par M. Louis Dubois. *Paris*, 1838, in-8, portrait, fac-simile, demi-rel. v. f. tr. jasp. (*Ottmann.*)

1303. Dossiers du procès criminel de Charlotte Corday devant le tribunal révolutionnaire, publiés par C. Vatel, avocat. *Paris*, 1861, gr. in-8, portr. teinté, demi-rel. bas. rouge n. rog.

1304. Souvenirs de la Terreur de 1788 à 1793, par Georges Duval, précédés d'une introduction historique par Ch. Nodier. *Paris*, *Werdet*, 1841-42, 4 tomes en 2 vol. — Souvenirs thermidoriens (par le même). *Paris*, *Magen*, 1844, 2 tomes en 1 vol. Ens. 6 tomes en 3 vol. in-8, demi-percal. noire, tr. jasp.

1305. Essai sur la Terreur en Anjou, par M. Camille Bourcier. *Angers et Paris*, 1870, gr. in-8, br. n. c.

1306. Notices historiques et philosophiques sur les principaux membres de la Montagne, par B. Hauréau, avec leurs portraits gravés à l'eau-forte, par Jeanron. *Paris*, *J. Bréauté*, 1834, in-8, demi-rel. maroq. rouge, tête dor. n. rog.

1307. Fleury (Ed.). Études révolutionnaires, Saint-Just et la Terreur. *Paris, Didier*, 1852, 2 vol. — Babœuf et le socialisme en 1796. *Paris, Didier*, 1851. Ens. 3 vol. in-12, demi-rel. v. f. (*Ottmann.*)

1308. La Vérité rétablie sur quelques-uns des principaux événements du 9 thermidor an II (27 juillet 1794), par M. Eckard. *Paris, Ch. Gosselin*, 1828, 44 pages. — Précis historique des événements qui se sont passés dans la soirée du 9 thermidor, par C.-A. Medu, ancien gendarme, commandant l'expédition contre la Commune de Paris. *Paris, Baudoin*, 1825, 61 pages. — Causes peu connues de la révolution du 9 thermidor, 8 pages, ens. 3 pièces reliées en 1 vol. in-8, demi-rel. maroq. rouge foncé à nerfs, tête dor. n. rog.

1309. Camille Desmoulins et Roch. Marcandier. — La Presse révolutionnaire, par Ed. Fleury. *Paris, Didier*, 1852, 2 vol. in-12, demi-rel. v. f. (*Ottmann-Duplanil.*)

1310. Anecdotes inédites de la fin du XVIIIe siècle, pour servir de suite aux anecdotes françaises, ouvrage où se trouve la clef de plusieurs événements majeurs, des particularités inconnues sur la princesse de Lamballe, sur le directeur Carnot, sur le président actuel des Etats-Unis de l'Amérique, une conversation intéressante de Louis XVI avec Bailly, etc. (par Perieys). *Paris, an IX* (1801), in-12, demi-rel. veau.

1311. Les Femmes célèbres de 1789 à 1795 et leur influence dans la Révolution, par E. Lairtullier. *Paris, France*, 1840, 2 vol. in-8, demi-rel. v. f. tr. jasp. (*Kœhler.*)

1312. Histoire du Consulat et de l'Empire, par M. A. Thiers. *Paris, Paulin, Lheureux*, 1845-69, 21 vol. in-8 et atlas in-fol. demi-rel. v. f. n. rog. (*Kœhler.*)

1313. Histoire de France depuis le 18 brumaire jusqu'à la paix de Tilsitt, par M. Bignon. *Paris*, 1829-30, 6 vol. in-8, demi-rel. v. rose, tr. jasp.

1314. Recherches historiques sur le procès et la condamnation du duc d'Enghien, par Aug. Nougarède de Fayet. *Paris, Jules Labitte*, 1844, 2 vol. in-8, demi-rel. v. f. n. rog. (*Kœhler.*)

1315. Histoire de Napoléon et de la grande armée pendant l'année 1812, par le général comte de Ségur. *Paris, Ch. Gosselin*, 1853, in-12 cart. demi-rel. v. f. (*Kœhler.*)

1316. Journal de la campagne de Russie en 1812, par M. de Fezensac. *Tours, A. Mame*, 1849, in-8, demi-rel. v. f. (*A. Pajard.*)

1317. Histoire de la guerre de 1813 en Allemagne, par le lieutenant-colonel Charras. *Leipzig, Brockaus*, 1866, in-8, cartes, demi-rel. dos et coins de v. f. fil. tête dor. n. rog.

1318. Histoire de la campagne de 1815, — Waterloo, par le lieutenant-colonel Charras. *Bruxelles*, 1858, in-12, demi-rel. v. f.

1319. Manuscrit de 1814, par M. Fain. *Paris, Bossange*, 1830, in-8, carte, demi-rel. v. ant. tr. marbr.

1320. Histoire de la campagne de 1815, Waterloo, par le lieutenant-colonel Charras. *Bruxelles, Lacroix et Verboeckhoven*, 1863, in-8, cartes, demi-rel. dos et coins de v. f. fil tête dor. n. rog.

1321. Histoire de la Restauration et des causes qui ont amené la chute de la branche aînée des Bourbons, par M. Capefigue. *Paris*, *Charpentier*, 1842, 4 vol. in-12, demi-rel. v. f. à nerfs, non rog.

1322. Histoire de la politique extérieure du gouvernement français, 1830-48, par O. d'Haussonville. *Paris*, *Mich. Lévy fr.*, 1850, 2 vol. in-12, demi-rel. v. f. n. rog. (*Gardien.*)

1323. Histoire de dix ans, 1830-40, par Louis Blanc. *Paris*, *Pagnerre*, 1846, 5 vol. in-8, portrait et grav. demi-rel. v. f. tête jasp. n. rog. (*Kœhler.*)

1324. Vie de Marie-Amélie, reine des Français, par M. Aug. Trognon. *Paris*, *Michel Lévy fr.*, 1872, in-8, demi-rel. mar. rouge jans. dos à nerfs, tr. marbr. (*Petit, succ. de Simier.*)

1325. Anne-Paule-Dominique de Noailles, marquise de Montagu. *Paris, A. Lainé*, 1864. — Notice sur Mme la vicomtesse de Noailles. *Paris, Lahure*, 1855, 2 vol. in-8, demi-rel. dos et coins de mar. bleu, tête dorée, non rog. (*Petit, success. de Simier.*)

1326. Madame la duchesse d'Orléans, Hélène de Mecklembourg-Schwerin. *Paris, Mich. Lévy fr.*, 1859, in-8, demi-rel. dos et coins de maroq. rouge. (*A. Pajard.*)

1327. Les Zouaves et les Chasseurs à pied, esquisses historiques (par le duc d'Aumale). *Paris, Mich. Lévy fr.*, 1855, in-12, demi-rel. dos et coins de maroq. rouge à nerfs, n. rog. (*Gardien.*)

1328. Portraits historiques, par Pierre Clément. *Paris, Didier*, 1855, in-12, br. n. c.

1329. La France, l'étranger et les partis, par G.-A. Heinrich. — Le Chemin de la vérité, par le comte de Champagny. *Paris*, 1872-73, 2 vol. in-12, br.

c. *Histoire des provinces de France.*

1330. Le Théâtre des antiqvitez de Paris, où est traicté de la fondation des églises et chapelles de la cité, Vniuersité, ville et diocèse de Paris, comme aussi de l'institution du Parlement, fondation de l'Vniuersité et colléges, et autres choses remarquables, par le R. P. J.-F.- Jacqves dv Brevl, Parisien. *A Paris, chez Pierre Chevalier, au Mont Sainct-Hilaire*, 1612, in-4, veau fauve, dos orné, fil. à compart. dent. int. tr. dor. (*Veuve Niedrée.*)

Titre remonté et raccommodé.

1331. Histoire de la ville et de tout le diocèse de Paris, par l'abbé Lebeuf. *Paris*, 1754-58, 15 tom. en 10 vol. in-12, v. marbr.

Très-bel exemplaire.

1332. Histoire de la ville et de tout le diocèse de Paris, par l'abbé Lebeuf; nouvelle édition, continuée jusqu'à nos jours par Hippolyte Cocheris. *Paris, Aug. Durand*, 1863-67, 3 vol. in-8, pap. vergé, demi-rel. dos et coins de maroq. rouge foncé, tête dor. n. rog. (*Petit, succ. de Simier.*)

1333. Recherches critiques, historiques et topographiques sur la ville de Paris, depuis ses commencements connus jusqu'à présent, avec le plan de chaque quartier, par le sieur Jaillot, géographe ordinaire du roi. *A Paris, chez l'auteur*, 1772-75, 21 vol. in-8, demi-rel. v. f.

Très-bel exemplaire entièrement relié sur brochure. Le tome XXI comprend la table alphabétique des vingt parties des Recherches sur Paris.

1334. Essai historique sur Paris, par M. de Saint-Foix, historiographe des ordres du roi. *Paris, chez la veuve Duchesne*, 1778, 4 vol. in-12, demi-rel. dos et coins de maroq. rouge, dos à nerfs et orné, tête dor. n. rog. (*Kœhler.*)

1335. Tableau historique et pittoresque de Paris depuis les Gaulois jusqu'à nos jours, par J.-B. de Saint-Victor. *Paris, Lesage et Gosselin*, 1822-27, 8 tom. en 4 part. in-8, demi-rel. dos et coins chagr. vert, dos mosaïque, tête dor. non rog. (*Atlas.*)

1336. Études archéologiques sur les anciens plans de Paris des XVIe, XVIIe et XVIIIe siècles, par A. Bonnardot. *Paris, Deflorenne*, 1851, in-4 demi-rel. dos et coins de maroq. rouge jans. à nerfs, tête dor. n. rog.

Ouvrage tiré seulement à 200 exemplaires.

1337. Itinéraire archéologique de Paris, par M. F. de Guilhermy, illustré de 15 grav. sur ac. et de

22 vig. gr. sur bois. *Paris, Bance*, 1855, in-12, dem.-rel. v. f. (*Ottmann-Duplanil*).

1338. Paris au XIIIe siècle, par A. Springer, traduit librement de l'allemand par un membre de l'édilité de Paris. *Paris, Aug. Aubry*, 1860, in-12, demi-rel. maroq. rouge, tête dor. n. rog.

1339. Description de la ville de Paris au XVe siècle, par Guillebert de Metz, publiée par Le Roux de Lincy. *Paris, Aug. Aubry*, 1855, in-12, dos et demi-rel. maroq. rouge du Lev. dos orné et à nerfs, fil. tête dor. n. rog.

Exemplaire sur papier teinté

1340. Les Rues de Paris, biographies, portraits, récits et légendes, par Bathild Bouniol. *Paris, Bray et Rétaux*, 1872, 3 vol. in-12, br. neuf, n. c.

1341. Les Anciennes Maisons de Paris sous Napoléon III, par M. Lefeuve, *Paris, Ach. Faure*, 1863-65, 5 vol. in-12 carré, demi-rel. chagr. rouge tr. jasp.

1342. Recherches archéologiques sur le Palais de justice de Paris, principalement sur la partie consacrée au Parlement depuis l'origine jusqu'à la mort de Charles VI, par Ed. Boutaric. *Paris*, 1862, in-8 de 70 pages cart. n. rog.

1343. Histoire de la Sainte-Chapelle royale du Palais, enrichie de planches, par M. Sauveur-Jérôme Morand, chanoine de ladite église, présentée à l'Assemblée nationale le 1er juillet 1790. *A Paris, chez Clousier, impr. du Roi, et Prault, libr.*, 1790, in-4, demi-rel. dos et coins de maroq. rouge à nerfs, tête dor. n. rog. (*Kœhler.*)

1344. Recherches historiques sur le collége des Quatre-Nations, par Alf. Franklin. *Paris, Aug. Aubry*, 1862, pet. in-8, pap. vél. titr. r. et noir demi-rel. maroq. rouge, dos à nerfs, fleurons.

1345. Des Anciennes Fourches patibulaires de Montfaucon, par A. de Lavillégille. *Paris, Techener*, 1836, in-8, figure, demi-rel. maroq. rouge à nerfs.

1346. Journal d'un voyage à Paris en 1657-58, publié par A.-P. Faugère. *Paris, Benj. Duprat*, 1862, in-8, pap. vergé, d.-rel. dos et coins de v. f. fil. tr. peig.

1347. Recherches historiques sur les enseignes des maisons particulières, suivies de quelques inscriptions murales prises en divers lieux, ornées d'une planche et de 27 sujets gravés sur bois, par E. de la Quérière. *Paris et Rouen*, 1852, in-8, demi-rel. maroq. viol.

1348. Histoire des hôtelleries, cabarets, hôtels garnis, restaurants et cafés, par MM. Francisque Michel et Ed. Fournier. *Paris*, 1851, 2 vol. gr. in-8, fig. color. demi-rel. dos et coins de maroq. rouge, n. rog.

1349. Le Parlement de Paris à Troyes en 1787, par Alb. Babeau. *Paris, Dumoulin*, 1871, in-12 br.

Exemplaire en papier vergé.

1350. Le Cimetière de la Madeleine, par M***. *Paris, an IX*, pet. in-16, figure, demi-rel. bas. non rog.

1351. Histoire des Prisons de Paris et des départements, publiée par B.-J.-B. Nougaret. *A Paris, an V*, 1797, 4 vol. pet. in-12, figures, demi-rel. v. ant.

Ouvrage composé en germinal an V. Le but est visible ; ce pamphlet est un de ceux qui furent le mieux accueillis des royalistes, qui, à ce moment, préparaient la conjuration que déjoua le coup d'État du 18 fructidor.

1352. L'Époque sans nom, esquisse de Paris (1830-48). *Paris, Alex. Mesnier*, 1833, 2 vol. in-8, demi-rel. v. f. tr. jasp.

1353. Administration de la commune de Paris et du département de la Seine, par Jules le Berquier. *Paris, Paul Dupont*, 1861, in-8, demi-rel. veau.

1354. La Seine et ses bords, par Ch. Nodier, vignettes par Marville et Fousseran, publié par M. A. Mure de Pelanne. *Paris*, 1836, in-8, demi-rel. dos et coins de maroq. rouge du Lev. jans. à nerfs, tête dor. n. rog.

1355. Les Environs de Paris, illustrés par Adolphe Joanne. — Guide du voyageur dans la France monumentale, par Richard (avec carte). *Paris*, *L. Hachette*, 2 gr. in-12, cart. percal. est.

1356. Histoire de Versailles, de ses rues, places et avenues depuis l'origine de cette ville jusqu'à nos jours, par J. Leroi. *Versailles*, *P. Oswald*, 1868, 2 vol. in-8, fig. br.

Exemplaire complétement neuf, non coupé.

1357. Histoire de la maison royale de Saint-Cyr (1686-1793), par Théophile Lavallée. *Paris*, *Furne*, gr. in-8, port. cartes, demi-rel. dos et coins de maroq. r. à nerfs.

1358. Notice historique et descriptive sur la cathédrale de Meaux. *Meaux*, 1839, in-8, fig. demi-rel. veau quadr. n. rog.

1359. Notre-Dame de Reims, par Prosper Tarbé. *Reims*, 1845, gr. in-8, vue de la cathédrale, demi-rel. veau quadr.

1360. Histoire des fêtes civiles et religieuses de la Belgique méridionale et d'un grand nombre de villes de France, par madame Clément, née Hémery. *Avesnes*, 1846, in-8, figures et blasons, demi-rel. v. fr. tr. peig.

1361. Senac de Meilhan et l'intendance du Hainaut et du Cambrésis sous Louis XVI, par Louis Legrand. *Valenciennes*, *J. Giard*, 1868, in-8, br. neuf. n. c.

1362. Histoire du Parlement de Normandie, par A. Floquet. *Ed. Frère*, 1840-42, 7 vol. in-12, demi-rel. dos et coins de maroq. bleu à nerfs n. rog. (*Kœhler.*)

1363. Description historique de l'église de Saint-Ouen de Rouen, par M. A.-P.-M. Gilbert. *Rouen, Frère,* 1822, gr. in-8, gravures, cart. n. rog.

1364. Tombeaux de la cathédrale de Rouen, par A. Deville. *Rouen, Nicétas Périaux,* 1833, gr. fig. sur chine, pet. in-4, demi-rel. dos et coins de maroq. rouge n. rog.

Avec envoi autographe, signé de l'auteur, à S. M. la reine des Français. Exemplaire ayant appartenu à la bibliothèque du Palais-Royal.

1365. Le Palais de justice de Rouen, par M. de Stabenrath. *Rouen,* 1842, gr. in-8, figure, demi-rel. dos et coins de maroq. rouge n. r.

1366. Essai historique et descriptif sur l'abbaye de Fontenelle ou de Saint-Wandrille et sur plusieurs autres monuments des environs, par E. Hyacinthe Langlois, avec un grand nombre de figures et de plans inédits dessinés et gravés par l'auteur et Mlle Espérance Langlois. *Paris, J. Tatu,* 1827, in-8, demi-rel. dos et coins à nerfs de maroq. rouge foncé tête dor. n. rog. (*David.*)

1367. Le Combat de trente Bretons contre trente Anglais, publié d'après le manuscrit de la bibliothèque du Roi, par C.-A. Crapelet. — Monument élevé en mémoire du combat des Trente. *Paris, Crapelet,* 1835, gr. in-8, figures, fac-simile, blasons, demi-rel. dos et coins de maroq. rouge à nerfs, tête dor. n. rog.

Exemplaire en grand papier.

1368. Les Vendéens dans la Sarthe, par Henri Chardon. *Le Mans,* 1869-73, 3 vol. in-16, cart. percal. n. rog. (*Pierson.*)

1369. Lettres sur l'origine de la chouannerie et sur les chouans du Bas-Maine, par J. Duchemin-Descepaux. *Imprimé par autorisation du roi à l'Im-*

primerie royale, 1825, 2 vol. in-8, demi-rel. chagr. rouge tr. peig.

1370. Notice sur la ville et le château de Clisson, ornée de jolies vues de Clisson. *Nantes, J. Forest aîné, s. d.*, pet. in-16, cart. n. rog.

1371. Histoire de Chenonceau, ses artistes, ses fêtes, ses vicissitudes, par l'abbé C. Chevalier. *Lyon, Louis Perrin*, 1868, gr. in-8, demi-rel. dos et coins de maroq. rouge, tête dor. n. rog.

Tiré seulement à 200 exemplaires.

1372. Anet, son passé, son état actuel; notice historique. *Paris, Benj. Duprat*, 1860, in-12, 13 photographies, demi-rel. maroq. rouge du Lev. à nerfs tête dor. n. rog., *exempl. en gr. papier.*

1373. Mémoire de Fléchier sur les grands jours tenus à Clermont en 1685-66, publiés par B. Gonod, bibliothécaire de la ville de Clermont. *Paris, Porquet*, 1844, gr. in-8, figure, demi-rel. dos et coins de maroq. bleu foncé, fil. tête jasp. n. rog. (*Ottmann.*)

1374. Essai sur les origines de la ville de Saint-Etienne en Forez, par Aug. Callet. *Paris, Didier*, 1866, in-8, br. neuf n. c.

1375. Recherches sur Randan, ancien duché-pairie. *A Riom, impr. de Thibaud,* 1830, in-8, carte col. et figures, demi-rel. dos et coins de chagr. rouge n. rog.

1376. Saint-Ceneri-le-Géré (Orne), ses souvenirs, ses monuments, par l'abbé P***. *Semans,* 1865, in-12, fig. demi-rel. maroq. vert myrte jans. n. rog.

1377. Les Martyrs du Maine, ou Notice historique sur la persécution à mort que le clergé catholique du diocèse du Mans a soufferte pendant la révolution française. *Paris et le Mans,* 1830, in-12, figures, demi-rel. maroq. vert myrte jans. n. rog.

1378. Vezelay, étude historique, par Aimé Chérest, avocat. *Auxerre*, 1863-68, 3 vol. in-8, br. n. c.

1379. Histoire de la réunion de la Lorraine à la France, par le comte d'Haussonville. *Paris, Mich. Lévy fr.*, 1854-59, 4 vol. in-8, demi-rel. maroq. rouge à nerfs n. rog. (*Pajard.*)

1400. Histoire des ducs de Bourgogne de la maison de Valois (1364-1477), par M. de Barante. *Paris, Furne*, 1842, 8 vol. in-8, nombr. fig. sur bois, demi-rel. dos et coins de maroq. rouge, tête jasp. n. rog.

1401. Une Province sous Louis XIV; situation politique et administrative de la Bourgogne, de 1661 à 1715, par Alexandre Thomas. *Paris et Dijon*, 1844, in-8, demi-rel. v. f. (*Kœhler.*)

1402. Histoire de l'abbaye de Morimond, diocèse de Langres, publiée sous les auspices de Mgr Parisis, par l'abbé Dubois. *Dijon et Paris*, 1852, in-8, carte, demi-rel. maroq. noir, tr. peigne.

1403. Les Rues de Troyes, anciennes et modernes; revue étymologique et historique, avec un plan, par Corrard de Breban. *Troyes*, 1857, br. in-8.

1404. Éphémérides de P.-P. Grosley, ouvrage historique, mis dans un nouvel ordre, par L.-M. Patris-Debreuil. *Paris*, 1811, 2 vol. in-12, jol. demi-rel. maroq. bleu ciel à nerfs, n. rog.

1405. Voyage de Piron à Beaune, écrit par lui-même. *Dijon et Paris*, 1847, in-8, percal. bleu. n. rog. (*Pierson.*)

1406. Tableau historique et pittoresque de la Grande Chartreuse et de ses alentours, par un religieux du monastère. *Grenoble*, 1837, in-8, demi-rel. percal. n. rog.

7. HISTOIRE ÉTRANGÈRE.

1407. Histoire d'Angleterre, par David Hume, continuée jusqu'à nos jours par Smollett, Adolphus et Aikin, traduction nouvelle, par M. Campenon. *Paris, Furne*, 1839-40, 13 vol. in-8, portraits et figures, demi-rel. v. f. tr. jasp. (*Kœhler.*)

1408. Histoire d'Angleterre, par le docteur John Lingard, traduite par M. L. de Wailly. *Paris, Charpentier*, 1843-44, 6 vol. in-12, veau. (*Kœhler.*)

1409. Histoire d'Angleterre, depuis les temps les plus reculés jusqu'à l'époque de la Révolution française, par M. Emile de Bonnechose. *Paris, Didier*, 1857-59, 4 vol. in-8, demi-rel. v. f. tr. jasp.

1410. Les Quatre Conquêtes de l'Angleterre, son histoire et ses institutions sous les Romains, les Anglo-Saxons, les Danois et les Normands, par Em. de Bonnechose. *Paris, Didier*, 1852, 2 vol. in-8, demi-rel, dos et coins de v. f. à nerfs, fil. n. rog. (*Ottmann.*)

1411. Histoire de la conquête de l'Angleterre par les Normands, par Augustin Thierry. *Paris, Just Teissier*, 1838, 4 vol. in-8, demi-rel. v. bleu, tr. marbr. et atlas in-4, oblong.

1412. Richard II, épisode de la rivalité de la France et de l'Angleterre, par H. Wallon. *Paris, Hachette*, 1864, 2 vol. in-8, demi-rel. v. f. fil. tête jasp. n. rog.

1413. Histoire de Henri VIII et du schisme d'Angleterre, par M. Audin. *Paris, L. Maison*, 1847, 2 vol. in-8, portr. et fac-simile, demi-rel. dos et coins de maroq. rouge, tête jasp. n. rog.

1414. Histoire de Marie Stuart, par M. Mignet. *Paris, Paulin, Lheureux*, 1851, 2 vol. in-8 demi-rel. dos et coins de maroq. rouge, jans. n. rog.

1415. Histoire de la révolution d'Angleterre, par M Guizot. *Paris*, *V. Masson et Didier*, 1850-56, 6 vol. in-8, demi-rel. v. f. n. rog. (*Kœhler.*)

Avénement de Charles Ier, 2 vol. — La République et Cromwell, 2 vol. — Rétablissement des Stuarts.

1416. Études biographiques sur la révolution d'Angleterre, par M. Guizot. *Paris*, *Didier*. (*Kœhler.*)

1417. Histoire de la révolution de 1688 en Angleterre, par F.-A.-J. Mazure. *Paris*, *Ch. Gosselin*, 1825, 3 vol. in-8, demi-rel. v. ant. tr. marbr.

1418. Histoire de Cromwell, d'après les mémoires du temps et les recueils parlementaires, par Villemain. *Paris*, *Maradan*, 1819, 2 vol. in-8, v. f. tr. marbr.

1419. Monk. — Chute de la république et rétablissement de la monarchie en Angleterre, en 1660, étude historique, par M. Guizot. *Paris*, *Didier*, 1851, in-8, portrait, gr. demi.rel. v. f. n. r. (*Kœhler.*)

1420. Histoire du règne de Guillaume III, pour faire suite à l'histoire de la révolution de 1688, par T.-B. Macaulay, traduit de l'anglais par Amédée Pichot. *Paris*, *Perrotin*, 1857-61, 4 vol. in-8, fac-simile de l'auteur, demi-rel. dos et coins de v. f. fil. n. rog. (*Gardien.*)

1421. Histoire de la contre-révolution en Angleterre sous Charles II et Jacques II, par Arm. Carrel. *Paris*, *A. Sautelet*, 1827, in-8, demi-rel. v. ant. tr. marbr.

1422. Histoire d'Angleterre, depuis l'avénement de Jacques II, par T.-B. Macaulay, traduit de l'anglais par le baron Jules de Peyronnet. *Paris*, *Perrotin*, 1853, 2 vol. in-8, demi-rel. dos et coins de v. f. fil. n. rog. (*Ottmann.*)

1423. L'Angleterre au XVIIIe siècle, études et portraits, par Ch. de Rémusat. *Paris, Didier*, 1865, 2 vol. in-8, br.

1424. Les Délices des Pays-Bas, contenant une description générale des XVII provinces, divisées en III volumes, augmentée de plusieurs remarques curieuses, et enrichie de figures. *A Brusselle, chez Fr. Foppens*, 1711, 3 v. in-12, v. f. ant.

1425. Histoire de Danemark, par M. P.-H. Mallet. *A Genève*, 1787-88, 9 vol. in-12, bas.

1426. Gustave III et la cour de France, suivi d'une étude critique sur Marie-Antoinette et Louis XVI, apocryphe, par A. Geoffroy. *Paris, Didier et Cie*, 1867, 2 vol. in-8, fac-simile et portrait, demi-rel. v. f. tr. peig.

1427. Histoire des républiques italiennes du moyen âge, par J.-C.-L. Simonde de Sismondi. *Paris, Treuttel et Würtz*, 1826, 16 vol. in-8, demi-rel. v. ant. tr. marbr.

1428. Histoire de l'Italie depuis l'invasion des barbares jusqu'à nos jours, par J. Zeller. *Paris, Hachette*, 1853, in-12, demi-rel. v. f.

1429. Italie et Renaissance, par J. Zeller. *Paris, Didier*, 1869, in-8, br. n. c.

1430. La Papesse Jeanne, étude historique et littéraire, par Philomneste Junior. *Paris, Gay*, 1862, in-16, br.

1431. Histoire des Italiens, par César Cantu, traduite par Arm. Lacombe. *Paris, Firm. Didot*, 1859-62, 12 vol. in-8, demi-rel. dos et coins de v. f. n. rog.

1432. La Réforme en Italie. — Discours historique de César Cantu, traduit de l'italien par Anicet Digard et Edmond Martin. *Paris, Adr. Leclère*, 1867, in-8, demi-rel, dos et coins de veau f. fil. tr. peig.

1433. Histoire de la république de Venise, par P. Daru. *Paris, Firm. Didot*, 1821, 8 vol. in-8, cartes col. demi-rel. dos et coins de maroq. bleu foncé, fil. tête jasp. n. rog. (*Ottmann.*)

1434. Florence et ses vicissitudes, 1215-1790, par M. Ch. Delécluze. *Paris, Ch. Gosselin*, 1837, 2 vol. in-8, demi-rel. v. bleu, tr. marbr.

1435. Arnauld de Brescia et les Romains du XIIe siècle, par Victor Clavel. *Paris, Hachette*, 1868, in-8, br. carte de Rome.

1436. De la Politique des Normands pendant la conquête des Deux-Siciles, par Petit de Baroncourt. *Paris, Chamerot*, 1846, in-8, br. n. rog.

1437. Histoire de la conquête de Naples, par Charles d'Anjou, frère de saint Louis, par le comte Alex. de Saint-Priest. *Paris, Amyot, s. d.*, 4 vol. in-8, demi-rel. v. f. tr. jasp. (*Kœhler.*)

1438. Histoire d'Espagne depuis les premiers temps historiques jusqu'à la mort de Ferdinand VII, par Rosseeuw Saint-Hilaire. *Paris, Furne*, 1844-1873. 11 vol. in-8. Les 6 premiers demi-rel. v. f. n. r. (*Kœhler.*) Les 5 autres br. neuf, n. c.

1439. Histoire de la domination des Arabes et des Maures en Espagne et en Portugal, depuis l'invasion de ces peuples jusqu'à leur expulsion définitive, rédigée sur l'histoire traduite de l'arabe en espagnol de M. Joseph Conde, par M. de Marlés. *Paris, Alexis Eymery*, 1825, 3 vol. in-8, demi-rel. v. f. tr. marbr.

1440. Le Victorial, chronique de don Pedro Niño, comte de Buelna, par Gutière Diaz de Gomez, son alferez (1379-1449), trad. de l'espagnol par le comte Alb. de Circourt et le comte de Puymaigre. *Paris, V. Palmé*, 1867, in-8, demi-rel. mar. rouge.

1441. Histoire du règne de Ferdinand et d'Isabelle, par W.-M. Prescott, trad. de l'anglais par

G. Renson. *Paris*, *Didot*, *et Bruxelles*, *Lacroix*, 1861-62, 4 vol. in-8, br. non coupés.

1442. Charles-Quint, son abdication, son séjour et sa mort au monastère de Yuste, par M. Mignet. *Paris*, *Paulin*, 1854, in-8, demi-rel. maroq. rouge, n. r. (*Ottmann-Duplanil.*)

1443. Histoire du règne de l'empereur Charles-Quint, par W. Robertson, traduite de l'anglais par A. Suard. *Paris*, 1817, 4 vol. in-8, demi-rel. v. ant. tr. mar.

1444. Antonio Perez et Philippe II, par M. Mignet. *Paris*, *Paulin*, 1846, gr. in-8, demi-rel. dos et coins de maroq. rouge, n. rog.

1445. Don Carlos et Philippe II, par M. Guichard. *Paris*, *Mich. Lévy fr.*, 1867, in-8, portrait, demi-rel. dos et coins de v. f. n. rog.

1446. L'Espagne depuis le règne de Philippe II jusqu'à l'avénement des Bourbons, par Ch. Weiss. *Paris*, *L. Hachette*, 1844, 2 vol. in-8, demi-rel. v. f. n. rog.

1447. L'Espagne sous les rois de la maison de Bourbon, écrit en anglais sur des documents originaux inédits, par William Coxe, traduit en français par don André Muriel. *A Paris*, *de Bure fr.*, 1827, 6 vol. in-8, tr. marbr.

1448. Espagne. Traditions, mœurs et littérature, nouvelles études, par Antoine Delatour. *Paris*, *Didier*, 1869. — Don Carlos et Philippe II, par Ch. de Moüy. *Paris*, 1863. Ens. 2 vol. in-12, br. et demi-rel. v. f.

1449. Histoire générale du Portugal, depuis l'origine des Lusitaniens jusqu'à la régence de don Miguel, par le marquis de Fortia d'Orban et M. Mielle. *Paris*, *Gauthier fr.*, *s. d.*, 9 vol. in-8, demi-rel. v. f. tr. jasp.

1450. Histoire de la Confédération suisse, par Jean de Müller, etc., traduite de l'allemand et continuée jusqu'à nos jours par MM. Ch. Monnard et Louis Vulliemin. *Paris et Genève*, 1837-51, 18 vol. in-8, demi-rel. v. f. tr. jasp.

1451. Les Origines de la Confédération suisse, histoire et légende, par Alb. Rilliet. *Genève et Bâle*, 1869, in-8, carte, br. n. c.

1452. Histoire de la Suisse, par M. Zschokke, traduite de l'allemand par J.-L. Manget. *Paris*, *Barbezat et Delarue*, 1828, 2 vol. in-8, demi-rel. v. f. tr. jasp.

1453. La Suisse pittoresque, ornée de vues dessinées spécialement pour cet ouvrage par W.-H. Bartlett, accompagné d'un texte par William Beattie, traduit de l'anglais par L. de Banclas. *Londres*, 1836, 2 vol. pet. in-4, demi-rel. chagr. vert myrte, filet, tr. dor.

1454. Les Vallées vaudoises pittoresques, ou vallées du Piémont, du Dauphiné et du Ban de la Roche, par W. Beattie, orné de gravures par W.-H. Bartlett, traduit de l'anglais par L. de Banclas. *Londres et Paris*, 1838, pet. in-4, demi-rel. dos et coins de chagr. vert myrte, tr. dor.

1455. Révolutions de Pologne, par Cl. Carloman de Rulhière, édition revue sur le texte et complétée par Christien Ostrowski. *Paris*, *Firm. Didot fr.*, 1862, 3 vol. in-12, demi-rel. v. f. n. rog.

1456. Histoire du roi Jean Sobieski et du royaume de Pologne, par N.-A. de Salvandy. *Paris*, *Didier*. 1855, 2 vol. in-8, demi-rel. dos et coins de v. f. fil. n. rog. (*Ottmann.*)

1457. Histoire de Russie et des principales nations de l'empire russe, par Pierre-Charles Lévesque. *Paris*, 1812, 8 vol. in-8, demi-rel. v. ant. tr. jasp. *Kœhler.*)

1458. Histoire de Russie et de Pierre le Grand, par M. le général comte de Ségur. *Paris, Baudoin*, 1829, in-8, portrait, demi-rel. v. ant.

1459. Estat de l'empire de Russie et grand-duché de Moscovie, par le capitaine Marguet; nouvelle édition, précédée d'une notice biographique et bibliographique, par Henri Chevreul. *A Paris, chez L. Potier*, 1855, in-18, br.

1460. Mémoires de l'impératrice Catherine II, écrits par elle-même, et précédés d'une préface par A. Herzen. *Londres, Trübner*, 1859, in-8, demi-rel. chagr. viol. fleuron, tr. jasp.

1461. Eichhorn. Deutsche Staats- und Reichsgeschichte. *Göttingen*, 1821, 4 vol. in-8, demi-rel. v. ant.

1462. Pfister. Geschichte der Teutschen. *Hamburg*, 1829, 5 vol. in-8, demi-rel. v.

1463. Bœttiger. Geschichte der deutschen Volkes. *Leipzig*, 1836, 2 vol. in-8, demi-rel.

1464. W. Mentzel's Geschichte der Deutschen. *Stuttgart*, 1837, in-4, demi-rel. mar. r.

1465. Kanke. Deutsche Geschichte im Zeitalter der Reformation. *Berlin*, 1839-43, 5 vol. in-8, demi-rel. mar. r. n. rogn.

1466. Zeller (Jules). Histoire d'Allemagne, origine et fondation de l'empire germanique. *Paris*, *Didier*, 1872-73, 2 vol. in-8, cartes géogr. br. n. c.

1467. Histoire de la maison d'Autriche, depuis Rodolphe de Hapsbourg jusqu'à la mort de Léopold II (1218-1792), par William Coxe, traduit de l'anglais par P.-F. Henry. *Paris*, 1810, 5 vol. in-8, demi-rel. v. ant. tr. marbr.

1468. Historia diplomatica Frederici secundi; préface et introduction par J.-L.-A. Huillard-Bréholles. *Paris*, *H. Plon*, 1859, in-4, demi-rel. dos et coins de v. f. tr. jasp.

1469. Histoire de Joseph II, empereur d'Allemagne, par Camille Paganel. *Paris*, *Plon fr.*, 1853, in-8, demi-rel. dos et coins de v. f. fil. n. rog. (*Ottmann.*)

1470. Frédéric le Grand, ou Souvenirs de 20 ans de séjour à Berlin, par Dieudonné Thiébault, publiés par son fils. *Paris et Leipzig*, 1827, 5 vol. in-8, portrait et fac-simile, rel. v. f. fil. dent. à fr. tr. marbr.

1471. Frédéric II, roi de Prusse, et la nation allemande, par le docteur O. Klopp, traduit par Em. de Borchgrave. *Bruxelles*, 1866, 2 vol. in-8, demi-rel. v. f. n. rog.

1472. Mémoires de Frédéric II, roi de Prusse, écrits en français par lui-même, avec des notes et des tables, par MM. E. Boutaric et E. Campardon. *Paris*, *Plon*, 1866, 2 vol. in-8, demi-rel. v. f. n. r. (*Petit, successeur de Simier.*)

1473. Études sur l'Allemagne ancienne et moderne, par M. Philarète Chasles. *Paris, Amyot*, 1854-61, 2 vol. in-12, demi-rel. v. f.

1474. Histoire des Bohémiens, ou tableau des mœurs, usages et coutumes de ce peuple nomade, par MM. G. Grellmann. *Paris*, 1810, in-8, demi-rel. v. ant. tr. marbr.

1475. Histoire de l'Ordre des assassins, par J. de Hammer, ouvrage traduit de l'allemand par J. Hellert et P.-A. de la Nourais. *Paris, Paulin*, 1833, in-8, demi-rel. v. f. ant. tr. marbr.

1476. Histoire des Arabes, par L.-A. Sédillot. *Paris, Hachette*, 1854, carte col. — Le Koran traduit sur le texte arabe, par M. Kasimirski. *Paris*, *Charpentier*, 1870. Ens. 2 vol. in-12, demi-rel. v. f. et ant. (*Kœhler.*)

1477. Histoire de Scanderbeg, ou Turks et Chrétiens au XVe siècle, par Camille Paganel. *Paris*,

Didier, 1855, in-8, demi-rel. dos et coins de v. f. fil. n. rog. (*Ottmann.*)

1478. Étude sur les rapports de l'Amérique et de l'ancien continent, avant Christophe Colomb. *Paris*, *Ern. Thorin*, 1869, in-8, br. neuf, n. c.

1479. Histoire de l'Amérique, par W. Robertson, traduite de l'anglais par MM. Suard et Morellet. *Paris, Janet et Cotelle*, 1828, 4 vol. in-8, carte, veau plein, dent. tr. marbr.

1480. Histoire de Washington et de la fondation de la République des Etats-Unis, par Cornelis de Witt, précédée d'une étude historique sur Washington, par M. Guizot. *Paris*, *Didier*, 1855, in-8, portr. demi-rel. dos et coins de v. f. fil. n. r.

1481. Storia della guerra americana, scritta da Carlo Botta. *Livorna*, 1825-26, 7 tomes en 3 vol. in-8, demi-rel. v. ant. tr. jasp.

1482. Washington, par M. Guizot. *Paris, Ch. Gosselin*, 1842, in-12, portrait, demi-rel. v. f.

1483. Complot d'Arnold et de sir Henry Clinton contre les Etats-Unis d'Amérique et contre le général Washington. *Paris*, *P. Didot*, 1816, in-8, 2 portraits gr. et une carte, demi-rel. v. bleu, tr. marb.

1484. De la Démocratie en Amérique, par Alexis de Tocqueville. *Paris, Pagnerre*, 1848, 4 vol. in-8, demi-rel. v. f. n. rog. (*Kœhler.*)

Devenu rare. Bel exemplaire.

8. CHEVALERIE ET NOBLESSE.

1485. Mémoires sur l'ancienne chevalerie, par La Curne de Sainte-Palaye, avec une introduction et des notes historiques, par M. Ch. Nodier. *Paris*,

Girard, 1826, 2 vol. in-8, 2 figur. chromo, demi-rel. dos et coins de v. f. tête jasp. n. rog.

1486. Cérémonies des gages de bataille selon les constitutions du bon roi Philippe de France, représentées en onze figures. *Paris*, *Crapelet*, 1830, gr. in-8, demi-rel. dos et coins de maroq. rouge à nerfs, tête dor. n. r.

Exemplaire en grand papier.

1487. Étrennes à la Noblesse, ou précis historique et critique sur l'origine des ci-devant ducs, comtes, barons, etc., excellences, monseigneurs, grandeurs et anoblis. *A Londres, et se trouve à Paris chez Jean Thomas, l'an troisième de la Liberté*, in-8, fig. col. demi-rel. veau quadr. n. rog.

9. ARCHÉOLOGIE.

1488. Dictionnaire des Antiquités romaines et grecques, accompagné de 2,000 gravures d'après l'antique, par Anthony Rich. *Paris*, *Firmin Didot*, 1861, in-8, demi-rel. maroq. rouge, non rog.

1489. Pompéia, décrite et dessinée par Ern. Breton, suivie d'une notice sur Herculanum. *Paris*, *Gide et Baudry*, 1855, in-4, fig. teintées et vign. dans le texte, cart. toile percal. n. rog.

1490. Sabina, oder Morgenzeiten im Putzzimmer einer reichen Römerin, von Böttiger. *Leipzig*, 1806, 2 t. en 1 vol. in-12, fig. demi-rel. v. f. (*Ottmann.*)

1491. Des Journaux chez les Romains, recherches précédées d'un mémoire sur les Annales des pontifes, et suivies de fragments des journaux de l'ancienne Rome, par J. Vict. Le Clerc. *Paris*, *Firm. Didot*, 1838, in-8, demi-rel. v. f. tr. jasp. (*Kœhler.*)

1492. Le Palais de Scaurus, ou description d'une maison romaine, fragment d'un voyage fait à Rome vers la fin de la République, par Mérovir, prince des Suèves. *Paris*, *Firm. Didot*, 1822, in-8, fig. demi-rel. dos et coins de maroq. rouge, à nerfs, n. rog. (*Kœhler.*)

1493. Recueil de dissertations et de thèses sur l'antiquité, par MM. Desjardins, Caffiaux, L. Ménard, Bazin, Ed. Tournier, V. Cucheval, etc., 19 vol. gr. in-8, cart. neuf, en bon état.

1494. Dictionnaire des Antiquités chrétiennes, par l'abbé Martigny, ouvrage accompagné de 270 gravures intercalées dans le texte. *Paris*, *L. Hachette*, 1865, gr. in-8, texte à deux col. demi-rel. dos et coins de maroq. vert myrte, à nerfs, tr. peig.

1495. Abécédaire, ou Rudiment d'archéologie, par M. A. de Caumont : architecture religieuse, civile et militaire, ère gallo-romaine. *Caen, F. Le Blanc-Hardel*, 1868-70, 3 vol. in-8, portrait et figures dans le texte, demi-rel. dos et coins de maroq. r. du Lev. à nerfs, jans. tête dor. n. rog. (*Petit, successeur de Simier.*)

1496. Manuel d'épigraphie chrétienne, d'après les marbres de la Gaule, par Ed. Le Blant. *Paris*, *Didier*, 1869, in-12, demi-rel. maroq. vert myrte, jans. tr. peigne.

1497. Rome et ses monuments, guide du voyageur catholique dans la capitale du monde chrétien, par Ed. de Bleser, avec 51 plans annotés. *Louvain, s. d.,* demi-rel. maroq. rouge à nerfs, tr. peign.

10. HISTOIRE LITTÉRAIRE.

1498. Histoire de la littérature grecque profane, depuis son origine jusqu'à la prise de Constantinople par les Turcs, par M. Schœll. *Paris, Gide fils*, 1823-32, 9 vol. in-8, demi-rel. v. ant. tr. marbr.

1499. Manuel de l'histoire de la littérature grecque, abrégé de l'ouvrage de Schœll, refondu en partie et complété par G. Roulez. *Bruxelles, Demat, libr.*, 1837, in-8, demi-rel. v. ant. tr. jasp.

1500. Histoire de la littérature grecque jusqu'à Alexandre le Grand, par Otfried Müller, traduite et annotée par K. Hillebrand. *Paris, Aug. Durand*, 1865, 2 vol. in-8, demi-rel. dos et coins de maroq. rouge à nerfs, tr. jasp.

1501. Histoire de la littérature grecque, par M. Burnouf. *Paris, Ch. Delagrave*, 1869, 2 vol. in-8, veau.

1502. Histoire de la littérature grecque et de la littérature romaine, par Alexis Pierron. *Paris, L. Hachette*, 1850-52, 2 vol. in-12, demi-rel. v. f. n. rog. (*Kœhler*.)

1503. Flogel. Geschichte der römischen Literatur. *Leipzig*, 1784, 4 vol. in-8, demi-rel. v. ant.

1504. Histoire abrégée de la littérature romaine, par F. Schœll. *Paris, Gide*, 1815, 4 vol. in-8, veau vert, plats, dent. tr. marbr.

1505. Manuel de l'histoire de la littérature romaine, traduit de l'allemand du docteur J.-Chr.-F. Bæhr, par G. Roulez. *Louvain*, 1838, in-8, demi-rel. veau.

1506. Histoire civile et religieuse des lettres latines au IVe et au Ve siècle, par F.-L. Collombet. *Paris et Lyon, Perisse fr.*, 1839, in-8, demi-rel. v. f. tr. jasp.

1507. Charakter der vornehmsten Dichter aller Nationen. *Leipzig*, 1792-1806, 8 vol. in-8, demi-rel. v. ant.

1508. Bouterweck. Geschichte der Poesie und Beredsamkeit. *Göttingen*, 1801, 12 vol. in-8, demi-rel. v.

1509. De la Littérature du midi de l'Europe, par J.-C.-L. Simonde de Sismondi. *Paris, Treuttel et Würtz*, 1829, 4 vol. in-8, demi-rel. v. ant. tr. marbr.

1510. Histoire de la littérature de l'Europe pendant les XVe, XVIe et XVIIe siècles, traduite de l'anglais de Henri Hallam, par Alph. Borghers. *Paris, Ladrange et Baudry*, 1839-40, 4 vol. in-8, demi-rel. v. ant. tr. marbr.

1511. Histoire de la renaissance des lettres en Europe au XVe siècle, par J.-P. Charpentier. *Paris, veuve Maire Nyon*, 1843, 2 vol. in-8, demi-rel. veau f.

1512. Histoire littéraire de la France, ouvrage commencé par des religieux bénédictins de la congrégation de Saint-Maur; nouvelle édition, publiée par M. Paulin Paris. *Paris, V. Palmé et Firm. Didot fr.*, 1855-59, 25 vol. in-4, demi-rel. v. ant. tr. peigne.

Bel exemplaire.

1513. Bibliothèque française, ou Histoire de la littérature française, par l'abbé Goujet. *Paris*, 1741, 18 vol. in-12, v. f. ant. (*Armoiries.*)

1514. Origines littéraires de la France, la légende, la romance, le théâtre, la prédication, etc., par L. Moland. *Paris, Didier*, 1863, in-12, demi-rel. v. f. marron.

1515. Histoire de la littérature française, par D. Nisard. *Paris, Firm. Didot fr.*, 1844-61, 4 vol. in-8, demi-rel. v. f. tête, jasp. n. rog. (*Kœhler.*)

1516. Histoire de la littérature française, depuis ses origines jusqu'à la Révolution, par Eug. Géruzez. — Littérature française pendant la Révolution, 1789-1800. *Paris, Charpentier*, 1859-65, 3 vol. in-12, demi-rel. dos et coins de v. f. fil. tr. peigne. (*Petit, successeur de Simier.*)

1517. Histoire de la littérature française, depuis ses origines jusqu'en 1830, par J. Demogeot. *Paris*, *Hachette*, 1852, in-12, demi-rel. v. f. n. rog. (*Kœhler.*)

1518. Recherches sur les sources antiques de la littérature française, par Jules Berger de Xivrey. *Paris*, *Crapelet*, 1829, gr. in-8, demi-rel. dos et coins de maroq. bleu, fil. tête dor. n. r.

Exemplaire en grand papier vélin.

1519. Histoire littéraire de la France avant le XIIe siècle, par J. Ampère. *Paris et Leipzig*, 1839-40, 3 vol. in-8, demi-rel. v. ant. tr. marb.

1520. Histoire littéraire des troubadours, contenant leurs vies, les extraits de leurs pièces, et plusieurs particularités sur les mœurs, les usages et l'histoire du douzième et du treizième siècle. *Paris*, 1774, 4 vol. in-12, demi-rel. v. bleu, tr. jasp. (*Kœhler.*)

1521. Histoire de la littérature française du moyen âge aux temps modernes, par E. Géruzez. *Paris, Delalain*, 1852, in-8, demi-rel. v. vert, n. rog. (*Kœhler.*)

1522. Influence de l'Italie sur les lettres françaises, depuis le XIIe siècle jusqu'au règne de Louis XIV, par J.-B. Rathery. *Paris*, *Firm. Didot*, 1853, in-8, demi-rel. v. f. n. rog.

1523. Maldonat et l'Université de Paris au XVIe siècle, par le P. J.-M. Prat. *Paris*, *Julien Lanier*, 1856, in-8, br.

1524. Histoire littéraire de la congrégation de Saint-Maur, ordre de Saint-Benoît, où l'on trouve la vie et les travaux des auteurs qu'elle a produits, depuis son origine en 1618 jusqu'à présent (par dom Tassin). *A Bruxelles, et se trouve à Paris chez Humbolt*, 1770, in-4, maroq. vert myrte, dos orné, fil. dent. in-4, tr. dor.

Superbe exemplaire.

1525. Caractères et Portraits littéraires du XVIe siècle, par Léon Feugère. *Paris*, *Didier*, 1859, 2 vol. in-8, demi-rel. maroq. rouge, n. rog. (*A. Pajard.*)

1526. Tableau historique et critique de la poésie française et du théâtre français au XVIe siècle, par C.-A. Sainte-Beuve. *Paris*, *Sautelet et Alex. Mesnier*, 1828, 2 vol. in-8, demi-rel. v. ant.

1527. Tableau de la littérature française au XVIe siècle, par M. Saint-Marc Girardin. *Paris*, *Didier*, 1862, in-8, demi-rel. v. f. n. rog.

1528. Mémoire historique et littéraire sur le Collége royal de France, par l'abbé Cl.-P. Goujet. *Paris*, 1758, 3 vol. in-12, bas. rac.

1529. L'Ancienne Académie des inscriptions et belles-lettres, par Alfred Maury. *Paris*, *Didier*, 1864, in-8, br.

1530. Histoire de l'Académie française, par MM. Pellisson et d'Olivet. *Paris*, *chez J.-B. Coignard*, 1743, 2 vol. in-12, v. marb. fil.

1531. Histoire de la littérature française à l'étranger, depuis le commencement du XVIIe siècle, par A. Sayous. *Paris*, *Cherbuliez*, 1853, 2 vol. in-8, v. f. n. rog. (*Ottmann.*)

1532. Le XVIIIe Siècle à l'étranger, histoire de la littérature française dans les divers pays de l'Europe, par A. Sayous. *Paris, Amyot*, 1861, 2 vol. in-8, demi-rel. v, ant. n. rog.

1533. Tableau de la littérature française au XVIIIe siècle, par M. de Barante. *Paris*, *Dufey et Vezard,* 1832, in-8, demi-rel. v. vert.

1534. Fréron, on l'Illustre Critique, sa vie, ses écrits, sa correspondance, sa famille, etc., par Ch. Monselet, front. à l'eau-forte par Ed. Morin. *Paris*, *René Pincebourde*, 1864, in-12, pap. de Holl. demi-percal. n. rog.

1535. Journal historique, ou Mémoires critiques et littéraires sur les ouvrages dramatiques et sur les événements les plus mémorables, depuis 1748 jusqu'en 1772, par Ch. Cotte. *Paris*, 1807, 3 vol. in-8, rel. sur br. demi-rel. v. f.

1536. Tableau historique de l'état et des progrès de la littérature française depuis 1789, par M.-J. de Chénier. *Paris, Ledentu*, 1835, in-8, demi-rel. v. ant. tr. jasp.

1537. Essai d'Histoire littéraire, par Eug. Géruzez. *Paris, Garnier fr.*, 1853, 2 vol. in-12, demi-rel. v. f. n. rog. (*Kœhler.*)

1538. Histoire littéraire du Maine, par B. Hauréau. *Paris*, *Dumoulin*, 1870-73, 6 vol. in-12, br. n. c.

1539. Histoire critique des journaux, par M. C*** (Camusat). *Amsterdam*, 1734, 2 vol. in-12, demi-rel. v. f. tr. peig. (*Ottmann.*)

1540. Un Chapitre de la Révolution française, ou histoire des journaux en France, de 1789 à 1799, par Ch. de Monseignat. *Paris, Hachette*, 1853, in-12, br.

Devenu rare.

1541. Histoire morale, civile, politique et littéraire du Charivari, depuis son origine, par le docteur Calybariat de Saint-Flour. *Paris*, 1833, in-8, demi-percal. n. rog.

1542. Tiraboschi. Storia della letteratura italiana. *Milano*, 1822-26, 16 vol. in-8, portr. demi-rel. v. ant. (*Mouillures.*)

1543. Histoire littéraire d'Italie, par F.-L. Ginguené, seconde édition, revue par M. Daunou. *Paris*, *G. Michaud*, 1824-35, 14 vol. in-8, portr. demi-rel. dos et coins de mar. rouge.

1544. Histoire de la littérature italienne, par E.-T. Perreno. *Paris, Ch. Delagrave*, 1867, in-8, demi-rel. v. f. à nerfs, tr. peign.

1545. Histoire comparée des littératures espagnole et française, par Ad. de Puibusque. *Paris, Dentu*, 1843, 2 vol. in-8, demi-rel. v. f. tr. marbr.

1546. Histoire de la littérature espagnole de G. Ticknor, traduite de l'anglais en français par J.-G. Magnabal. *Paris, Durand*, 1864-72, 3 vol. gr. in-8, demi-rel. dos et coins de maroq. brun à nerfs et fleurons, tr. peigne (*Petit, successeur de Simier.*)

1547. Résumé de l'histoire de la littérature allemande, par A. Loève-Veimars. *Paris, L. Janet*, 1826, in-18, demi-rel. veau viol. tr. peig.

1548. La Littérature allemande au moyen âge, et les origines de l'épopée germanique, par A. Bossert. *Paris, Hachette*, 1871, in-8, br. n. c.

1549. Histoire de la littérature allemande, par G.-A. Heinrich. *Paris, A. Franck*, 1870, 2 vol. gr. in-8, br. n. c.

1550. Gervinus. Geschichte der poetischen national Literatur der Deutschen. *Leipzig*, 1835, 5 vol. in-8, demi-rel. v. f.

1551. Gœthe et le mouvement littéraire de Weimar, par Henri Blaze de Bury. *Paris*, 1839, gr. in-8, demi-rel. dos et coins de maroq. rouge à nerfs, n. r. (*Kœhler.*)

II. BIOGRAPHIE.

1552. Biographie universelle, ancienne et moderne. *A Paris, chez Michaud fr.*, 1811-62, 85 vol. in-8, texte à deux col. demi-rel. v. f. tr. jasp. (*Kœhler.*)

1553. Biographie universelle classique, ou Dictionnaire historique portatif, par une société de gens de lettres. *Paris, Ch. Gosselin*, 1829, 3 gros vol. in-8, texte à deux col. demi-rel. veau viol.

1554. Dictionnaire de biographie, mythologie, géographie anciennes, accompagné de près de 1.000 gravures d'après l'antique, traduit en grande partie de l'anglais du docteur Smith, par M. N. Theil. *Paris, Firm. Didot*, 1865, gr. in-12, demi-rel. maroq. rouge, tr. peign.

1555. Dictionnaire critique de biographie et d'histoire, errata et supplément pour tous les dictionnaires historiques, d'après les documents authentiques inédits, par A. Jal. *Paris, H. Plon*, 1867, gros in-8, demi-rel. maroq. noir.

1556. Plutarchi Vitæ parallelæ, gr. et lat., recensuit Bryanus. *Londini*, 1729, 5 vol. in-4, fr. gr. v. gr. v. gr. fil.

1557. Les Vies des hommes illustres de Plutarque, traduites du grec par Amyot, avec des notes et des observations par MM. Brotier, Vauvilliers et Clavier. *Paris, Janet et Cotelle*, 1818-21, 25 vol. in-8, cart. n. rog.

1558. Vies des Hommes illustres de Plutarque, traduction nouvelle, par Alexis Pierron. *Paris, Charpentier*, 1843-45, 4 vol. in-12, demi-rel. v. f.

1559. Étude sur la vie et les ouvrages de M. T. Varron, par Gaston Boissier. *Paris, L. Hachette*, 1861, in-8, demi-rel. v. f. tête jasp. n. rog.

1560. Machiavel, son génie et ses erreurs, par F. Artaud. *Paris, Firm. Didot*, 1833, 2 vol. in-8, portrait et fac-simile, demi-rel. v. rose.

1561. Histoire de fra Hieronimo Savonarola, par P.-J. Carle. *Paris, Debécourt*, 1842, in-8, portrait, demi-rel. v. f. n. rog.

1562. Mémoires pour servir à l'histoire des hommes illustres dans la république des lettres, avec un catalogue raisonné de leurs ouvrages, par le R. P. Niceron, barnabite. *A Paris, chez Briasson*, 1727–1743, 48 t. en 44 vol. in-12, v. f. tr. rouge. (*Anc. rel.*)

1563. Abélard, par Ch. de Rémusat. *Paris, Ladrange*, 1845, 2 vol. in-8, demi-rel. chagr. vert myrte, fil. tête jasp. n. r. (*Ottmann.*)

1564. Guillaume Budé, restaurateur des études grecques en France, essai historique, par D. Rebitté. *Paris, Joubert*, 1846, in-8, demi-rel. v. f. n. rog. (*Ottmann.*)

1565. Vie de Pierre Pithou, avec quelques mémoires sur son père et ses frères. *Paris, chez Guillaume Cavelier*, 1756, 2 vol. in-12, demi-rel. v. ant. tr. peign.

1566. Ramus (Pierre de la Ramée), sa vie, ses écrits et ses opinions, par Ch. Waddington. *Paris*, 1855, in-8, br. n. c.

1567. Essai sur Amyot et les traducteurs français au XVIe siècle, précédé d'un éloge d'Amyot, par Aug. de Blignières. *Paris, Aug. Durand*, 1851, in-8, demi-rel. v. f. n. r. (*Ottmann.*)

1568. Essai sur la vie et les ouvrages du chancelier Michel de l'Hospital, par J. Marie. *Rennes*, 1868, grand in-8, demi-percal.

1569. Étude sur la Vie et les œuvres de Pellisson, suivie d'une correspondance inédite du même, par F.-L. Marcou. *Paris, Didier et Durand*, 1859, in-8, demi-rel. v. f.

1570. La Vie du très-révérend Père D. Augustin Calmet, avec un catalogue raisonné de tous ses ouvrages, tant imprimés que manuscrits, auquel on a joint plusieurs pièces qui ont rapport à cette vie. *A Sénones, chez Pariset, impr. libr.*, 1762, gr. in-8, portr. gr. demi-rel. dos et coins de veau, fleurons, n. rog.

1571. Histoire de M. Bayle et de ses ouvrages, par M. de la Monnoye. *A Amsterdam, chez Jacque Desbordes*, 1716, in-16, v. f. ant. fil. (*Aux armes royales.*)

1572. La Vie de M. Bayle, par M. Desmaizeaux. *La Haye*, 1732, 2 vol. in-12, demi-rel. v. f. tr. peig. (*Ottmann.*)

1573. Dictionnaire historique et critique de Pierre Bayle, nouvelle édition. *Paris, Desoer*, 1820, 16 vol. in-8, texte à deux cols. demi-rel. dos et coins de maroq. rouge, jans. tête jasp. n. rog.

1574. Histoire de la vie et des ouvrages de J. de la Fontaine, par C.-A. Walckenaer. *Paris, Nepveu*, 1820, gr. in-8, portrait gr. et fac-simile, demi-rel. dos et coins de maroq. viol. tête jasp. n. rog.

1575. La Vie de M. l'abbé de Choisy, de l'Académie française. *A Lausanne et à Genève*, 1742, pet. in-8, demi-rel. v. f. dos orné, fil. tr. marb.

1576. Voltaire, sa vie et ses œuvres, par l'abbé Maynard. *Paris, Ambr. Bray*, 1867, 2 vol. in-8, demi-rel. v. ant. tr. peig.

1577. Ménage et Finances de Voltaire, avec une introduction sur les mœurs des cours et des salons au XVIIIe siècle, par L. Nicolardot. *Paris, Dentu*, 1854, in-8, demi-rel. dos et coins de v. f.

1578. Chateaubriand, sa vie, ses écrits, son influence littéraire et politique sur son temps, par M. Villemain. *Paris, Mich. Lévy fr.*, 1858, in-8, demi-rel. dos et coins de maroq. rouge du Lev. jans. à nerfs. n. rog. (*Kœhler.*)

1579. Léon Ménard et ses ouvrages, d'après les documents originaux les plus authentiques, par A. Germain. *Montpellier*, 1867, in-4, br.

1580. Études d'histoire et de biographie, par A. Bazin. *Paris, Chamerot,* 1844, in-8, demi-rel. v. f. tr. jasp. (*Kœhler.*)

1581. Études sur les grands hommes, par L. Nicolardot. *Paris, Dentu,* 1851, in-8, demi-rel. v. f. tr. peig.

1582. Biographies diverses : sur l'abbé Suger, sur Samuel Johnson, sur Guillaume du Vair, Métastase, Paul Paruta, G. Chaucer, sur Vincent de Beauvais, sur Guichardin, J. Sadolet, Th. Otway et Fr. Hemsterhuis. 13 vol. in-8, cart. en bon état.

1583. Mémoires sur la vie de Benjamin Franklin, écrits par lui-même. *Paris, J. Renouard,* 1828, 2 vol. in-12, portraits, demi-rel. veau.

1584. Laurence Sterne, étude biographique et littéraire, précédée d'un fragment inédit de Sterne, par P. Stapfer. *Paris, Ern. Thorin,* 1870, in-8, percal. n. rog. (*Pierson.*)

1585. Essais historiques et biographiques, par lord Macaulay, traduits par M. Guill. Guizot. *Paris, Mich. Lévy fr.,* 1860-63, 3 vol. in-8, br.

1586. Mémoires de Gibbon, suivis de quelques ouvrages posthumes et de quelques lettres du même auteur, recueillis et publiés par lord Sheffield, traduits de l'anglais. *A Paris, an V de la République,* 2 vol. in-8, demi-rel. v. f.

1587. Biographische Denkmale, von Varnhagen von Ense. *Berlin,* 1845, 5 vol. in-8, demi-rel. v. f.

12. BIBLIOGRAPHIE.

1588. Origine de l'imprimerie, d'après les titres authentiques, suivie des établissements de cet art dans la Belgique, et de l'histoire de la stéréotypie, ornée de calques de portraits et d'écussons, par P. Lambinet. *Paris*, 1810, 2 vol. in-8, demi-rel. v. f. n. r.

1589. Annales de l'imprimerie des Alde, ou histoire des trois Manuce et de leurs éditions, par Ant.-Aug. Renouard. *Paris, Jules Renouard*, 1834, in-8, texte à deux col. portrait, demi-rel. v. f. tr. marbr.

1590. Essai bibliographique sur les éditions des Elzévirs les plus précieuses et les plus recherchées, précédé d'une notice sur ces imprimeurs célèbres. *Paris, Firm. Didot*, 1822, in-8, demi-rel. v. f. tr. marbr.

1591. Recherches historiques, généalogiques et bibliographiques sur les Elsévier, par A. Rennes. *Bruxelles*, 1847, gr. in-8, portrait sur chine, demi-percal. n. rog.

1592. Aperçu sur les erreurs de la bibliographie spéciale des Elzévirs et de leurs annexes, avec quelques découvertes curieuses sur la typographie hollandaise et belge du XVIIe siècle, par le bibliophile Ch. M***. *Paris, Panckoucke*, 1847, in-12, demi-rel. dos et coins de maroq. rouge, n. r.

Exemplaire en grand papier.

1593. Annales de l'imprimerie elzévirienne, ou histoire de la famille des Elzévier, et de ses éditions, par Ch. Pieters. *Gand*, 1851, gr. in-8, papier vélin, demi-rel. dos et coins de maroq. rouge à nerfs, n. r. (*Kœhler*.)

1594. De l'État réel de la presse et des pamphlets, depuis François Ier jusqu'à Louis XIV, par C. Leber. *Paris*, 1834, in-8, demi-rel. dos et coins de maroq. rouge. (*Ottmann-Duplanil*.)

1595. Les Gazettes de Hollande et la presse clandestine aux XVIIe et XVIIIe siècles, par Eug. Hatin. Eau-forte de Ulm. *Paris, R. Pincebourde*, 1865. pet. in-8, demi-rel. maroq. rouge, n. rog.

Exemplaire en grand papier de Hollande.

1596. Annales de l'imprimerie des Estienne, ou histoire de la famille des Estienne et de ses éditions, par Ant.-Aug. Renouard. *Paris, Jules Renouard*, 1837-38, 2 vol. in-8, demi-rel. v. ant. tr. marbr.

1597. Robert Estienne, imprimeur royal, et le roi François Ier ; nouvelles recherches sur l'état des lettres et de l'imprimerie au XVIe siècle, par G.-A. Crapelet, avec 7 planches d'ornements typographiques des Estienne. *Paris*, 1839, in-8 de 68 pages, demi-rel. dos et coins de maroq. rouge, n. rog.

1598. Nodier (Ch.). Notices diverses. De la liberté de la presse avant Louis XIV. — De la reliure en France au XIXe siècle. — De quelques livres satiriques et de leur clef. — De la maçonnerie et des bibliothèques spéciales. — Du langage factice appelé macaronique. — Des matériaux dont Rabelais s'est servi pour la composition de son ouvrage. — Des auteurs du XVIe siècle qu'il convient de réimprimer. — Comment les patois furent détruits en France. — Des annales de l'imprimerie des Aldes. — Des artifices que certains auteurs ont employés pour déguiser leurs noms. — Echantillons curieux de statistique. — Du dictionnaire de l'Académie et des satires. — Bibliographie des fous, de quelques livres excentriques. — Les Papillotes du perruquier d'Agen. — Des nomenclatures scientifiques. — Réunion de br. en 1 vol. in-8, demi-rel. v. f. tr. jasp.

1599. Essai sur les livres dans l'antiquité, particulièrement chez les Romains, par M. Géraud. *Paris, Techener*, 1840, in-8. demi-rel. v. f. tr. peig.

1600. Instruction sur l'arrangement, la conservation et l'administration des bibliothèques, par A. Constantin. *Paris, Techener*, 1839, in-12, demi-rel. veau.

1601. Essai historique sur la Bibliothèque du Roi, aujourd'hui Biblioth. impériale, par Louis Paris. *Paris,* 1856, demi-rel. v. f. n. r.

1602. Histoire de la bibliothèque Mazarine, depuis sa fondation jusqu'à nos jours, par Alf. Franklin. *Paris*, *Aug. Aubry*, 1860, in-12, pap. vél. demi-rel. maroq. rouge, n. rogné.

1603. Recherches sur Jean Grolier, sur sa vie et sa bibliothèque, suivies d'un catalogue des livres qui lui ont appartenu, par M. Le Roux de Lincy. *Paris, L. Potier,* 1866, gr. in-8, gr. pap. vergé, fac-simile or et couleurs, demi-rel. dos et coins de maroq. vert myrte, à nerfs et fleurons, fil. tr. peigne (*Pajard.*)

1604. Mémoires d'un bibliophile, par M. Tenant de Latour. *Paris*, *Dentu*, 1861, in-12, demi-rel. v. f. n. rog.

1605. L'Art de la reliure en France aux derniers siècles, par Ed. Fournier. *Paris*, *J. Gay*, 1864, in-12, demi-rel. dos et coins de maroq. rouge, jans. tr. peigne (*Petit, successeur de Simier.*)

Tiré à 300 exemplaires, devenu rare.

1606. Dictionnaire de géographie ancienne et moderne à l'usage du libraire et de l'amateur de livres, par un bibliophile (P. Deschamps). *Paris*, *Firm. Didot fr.*, 1870, fort vol. in-8, texte à deux col. demi-rel. dos et coins de maroq. rouge à nerf, fil. tr. peig.

1607. Bibliothèque historique de la France, contenant le catalogue des ouvrages imprimés et manuscrits qui traitent de l'histoire de ce royaume ou qui y ont rapport, avec des notes critiques et historiques, par Jacques Lelong, revue et augmentée par Fevret de Fontette, conseiller au parlement de Dijon. *A Paris*, *chez J-.Th. Hérissant*, *impr. ord. du roi*, 1768-78, 5 vol. in-folio, texte à deux col. veau fauve plein, fil. dent. int. tr. rouge. (*Kœhler.*)

Magnifique exemplaire.

1608. Bibliographie des journaux, pour l'histoire de la révolution de France, depuis 1787 jusqu'à nos jours, par M. D*** (Deschiens). *Paris, Barrois l'aîné*, 1839, in-8, demi-rel. v. viol. tr. jasp.

1609. Bibliographie parémiologique, études bibliographiques et littéraires sur les ouvrages et opuscules consacrés aux proverbes, par G. Duplessis. *Paris, Potier*, 1847, in-8, demi-rel. veau.

1610. Histoire des livres populaires ou de la littérature du colportage, par Ch. Nisard. *Paris*, *Dentu*, 1864, 2 vol. in-12, demi-rel. dos et coins de maroq. rouge à nerfs, n. rog.

1611. Mélanges tirés d'une petite bibliothèque, ou Variétés littéraires et philosophiques, par Ch. Nodier. *Paris, Crapelet*, 1829, in-8, demi-rel. v. f. tête jasp. n. rog. (*Kœhler.*)

1612. Description raisonnée d'une jolie collection de livres; Nouveaux Mélanges tirés d'une petite bibliothèque, par Ch. Nodier. *Paris*, *Techener*, 1844, in-8, demi-rel. v. f. n. rog. (*Kœhler.*)

1613. Analectabiblion, ou extraits critiques de divers livres rares, oubliés ou peu connus, tirés du cabinet du marquis D. R***. *Paris*, *Techener*, 1836-37, 2 forts vol. in-8, demi-rel. dos et coins de v. brun; tête dor. n. rog. (*Petit, successeur de Simier.*)

1614. Description historique et bibliographique de la collection de feu M. le comte de la Bédoyère, sur la Révolution française, l'empire et la restauration. *Paris, France*, 1862, fort vol. in-8, br. portr.

1615. Catalogue des livres de la bibliothèque de feu M. le duc de la Vallière. *Paris*, *Guillaume de Bure fils*, 1783, 3 vol. in-8, portrait et fac-simile, demi-rel. v. f. (*Anc. rel.*)

1616. Catalogue des livres de la bibliothèque de feu M. Mirabeau l'aîné, député et ex-président de l'assemblée nationale constituante. *Paris,* 1791, in-8, demi-rel. v. f. (*Prix.*)

1617. Catalogue des livres rares et précieux de la bibliothèque de feu le comte de Mac-Carthy Reagh. *A Paris, de Bure fr.*, *libraires du roi*, 1815, 2 vol. in-8, demi-rel. v. f. tr. jasp. (avec la table impr. des prix d'adjud.)

1618. Catalogue de la bibliothèque d'un amateur, avec notes bibliographiques, critiques et littéraires. *Paris*, *Aug. Renouard*, *de l'impr. de Crapelet*, 1819, 4 vol. in-8, pap. vélin, veau f. fil. tr. rouge.

1619. Catalogue des livres faisant partie de la bibliothèque du marquis de Ch*** (Châteaugiron). *Paris*, *J.-S. Merlin*, 1827, in-8, demi-rel. v. ant. tête jasp. n. rog. (*Kœhler.*)

Prix d'adjudication manuscrits.

1620. Catalogue (de vente) des livres rares et précieux de la bibliothèque de M. le comte de la B*** (la Bédoyère). *Paris*, *Sylvestre,* 1827, gr. in-8, demi-rel. v. ant. tête jasp. n. rog. (*Kœhler.*)

Avec les prix.

1621. Catalogue de la riche bibliothèque de Rosny. *Paris*, *Bossange et Techener*, in-8, demi-rel v. ant. tête jasp. n. rog. (*Kœhler.*)

Prix d'adjudication manuscrits.

1622. Bibliothèque de M. G. de Pixerécourt, avec des notes littéraires et bibliographiques de ses deux excellents amis Ch. Nodier et P. Lacroix. — Révolution française, poésies, chansons, théâtre, facéties, almanachs, histoire, album. *Paris*, 1830, in-8, demi-rel. v. ant. tête jasp. n. rog. (*Kœhler.*)

Prix d'adjudication à la main. Sur le titre est gravé son EX LIBRIS, avec cette devise : « Un livre est un ami qui ne change jamais. »

1623. Catalogue de son exc. M. le comte de Boutourlin. *Florence*, 1831, in-8, demi-rel. v. ant. tête jasp. n. rog. (*Kœhler.*)

1624. Bibliothèque dramatique de M. de Soleinne, catalogue rédigé par P. L. (Paul Lacroix) Jacob, bibliophile. *Paris*, *Alliance des arts*, 1843-44, 4 tomes en 2 vol, in-8, demi-rel. v. ant. tr. jasp. *Kœhler.*)

1625. Catalogne des livres composant la bibliothèque de M. Viollet-le-Duc. *Paris*, *L. Hachette*, 1843-47, 2 vol. in-8, demi-rel.. v. f. (*Kœhler.*)

1626. Catalogue des livres de feu A.-J. Letronne. *Delion*, 1849. — Bibliothèque de M. M**. *Techener*, 1850. — Catalogue Armand Bertin. *J. Techener*, 1854 (avec les prix). — Catalogue Burnouf. *Benj. Duprat*, 1854. — Catalogue Raoul-Rochette. *Techener*, 1855. — Catalogue J.-T. Boissonade. *Benj. Duprat*, 1859. Ens. 6 vol. in-8, br.

1627. Catalogue de livres rares et précieux de la bibliothèque de M. E. B*** (Baudelocque). *Paris*, *L. Potier*, 1850, in-8, demi-rel. v. vert, tr. jasp. (*Kœhler.*)

1628. Catalogue provenant des bibliothèques du feu roi Louis-Philippe. Bibliothèques du Palais-Royal et de Neuilly. *Paris*, *L. Potier et Defer*, 1852, 2 vol. in-8, br.

1629. Catalogue de la bibliothèque de Gabriel Peignot. *Paris, Techener*, 1852 in-8, br.

1630. Catalogue des livres imprimés, manuscrits et autographes, faisant partie de la bibliothèque de feu M. de Monmerqué. *Paris*, *Potier*, 1851, *et J. Techener*, 1861, 2 vol. in-8, br.

1631. Catalogue des livres et cartes géographiques du baron Walckenaer. *Potier*, 1853. — Catalogue Coste. *Potier*, 1854, — Catalogue G. Duplessis. *Potier*, 1856. — Catalogue Armand Cigongne. *Potier*, 1861, et catalogue du marquis Coste de Beauregard. *Potier*, 1868. Ens. 5 vol. in-8, br.

1632. Catalogue des livres de la bibliothèque de feu M. J.-J. de Bure, avec la table des prix imprimés. *Paris, Potier*, 1853. — Catalogue de la bibliothèque de M. Victor de Saint-M*** (Mauris). *Paris*, *Potier*, 1848. Ens. 2 vol. in-8, demi-rel. veau vert (*Kœhler*.)

1633. Catalogue des livres composant la bibliothèque de M. L. Tripier. *Paris*, *L. Potier*, 1854, in-16. — Catalogue d'une collection d'Elzevirs (petit format), composant le cabinet de M. Edme-Hipp.-Jacq. Michau, baron de Montaran. *Paris*, *J. Delion*, 1849, in-12. Ens. 2 br. n. rog.

1634. Catalogue composant la bibliothèque de feu M. Ant.-Aug. Renouard. *Paris, L. Potier*, 1854, in-8, demi-rel. v. vert myrte, tr. jasp. (*Kœhler*.)

1635. Catalogues divers composant la bibliothèque de MM. Veinant. *Potier*, 1855-60. — Libri (1858). — Forby. *Aubry*, 1867. — Du Président Bourgon. *Techener*, 1852. — Turquety. *Potier*, 1868. — De MM. Randin et Rostain. *Claudin*, 1873, Taillandier. *Potier*, 1868. — Leber. *Potier*, 1860, et nombre d'autres. Ens. et environ 40 catalogues in-8, br.

1636. Catalogue (de vente) des livres rares et précieux composant la bibliothèque de M. Ch. G*** (Giraud). *Paris, L. Potier*, 1855, in-8, demi-rel. v. vert myrte, n. rog. (*Kœhler*.)

1637. Catalogue des livres de la bibliothèque de feu M. Parison. *Paris, Henri Labitte*, 1856, in-8, demi-rel. v. ant. (*Ottmann*.)

Avec les prix d'adjudication.

1638. Catalogue de la bibliothèque de M. Félix Solar. *Paris, J. Techener*, 1860, grand in-8, demi-rel. veau.

1639. Catalogue des livres rares et précieux, imprimés et manuscrits, de feu M. le comte de la Bédoyère. *Paris, L. Potier*, 1862, grand in-8, demi-rel. veau.

1640. Catalogue de la bibliothèque de M. Léopold Double. *Paris, J. Techener*, 1863, gr. in-8, demi-rel. percal. n. rog. (*Prix*.)

1641. Catalogue des livres rares et précieux composant la bibliothèque de M. le prince Radziwil. *Paris, Potier*, 1865, gr. in-8, demi-percal. n. rog. (*Prix et nom des acq.*)

1642. Catalogue de mes livres (Yemeniz). *Lyon, imprimerie de Louis Perrin*, 1865-66, 3 vol. in-4, br. neuf.

1643. Catalogue des livres de la bibliothèque de M. Chedeau, de Saumur. *Paris, L. Potier*, 1865, gr. in-8, demi-perc. n. rog. (*Avec les prix.*)

1644. Catalogue de livres rares et précieux composant la bibliothèque de M. P. Desq, de Lyon. *Paris, L. Potier*, 1866, gr. in-8, demi-perc. n. rog. (*Avec les prix.*)

1645. Catalogue de la bibliothèque de M. Yemeniz. *Paris, Bachelin-Deflorenne*, 1867, gr. in-8, demi-percal. n. rogné. (*Avec les prix.*)

1646. Catalogue des livres de la bibliothèque de feu M. J.-Ch. Brunet. *Paris, L. Potier et Ad. Labitte*, 1868, gr. in-8, demi-rel. v. quadr. n. rog. (*Prix et noms des acq.*)

1647. Catalogues divers composant la bibliothèque de MM. J.-T. Reinaud, Denonvilliers, marquis de Lescoet, Th. Gautier, J.-F. Payen, Daremberg, Ruggieri et autres. *Paris, Adolphe Labitte*, 1867-74. Ens. 21 vol. ou br. in-8.

1648. Catalogue des livres rares et précieux de la bibliothèque de M. le baron J. P*** (Jérôme Pichon). *Paris, L. Potier*, 1869, gr. in-8, demi-rel. v. quadr. (*Avec les prix impr.*)

1649. Catalogue des livres rares et précieux faisant partie de la librairie L. Potier. *Paris, Adolphe Labitte*, 1870, gr. in-8, demi-rel. v. quadr. (*Avec la table du prix d'adj.*)

1650. Catalogue de livres anciens et modernes, rares et curieux, de la librairie Auguste Fontaine. *Paris, Aug. Fontaine*, 1873-74, 2 forts vol. in-8, br.

OUVRAGES

DE

GABRIEL PEIGNOT

1651. Peignot (Gabr.). Dictionnaire raisonné de bibliologie. *Paris*, *Villier*, 1802-04, 2 vol. et 1 vol. supplément. Ens. 3 vol. in-8, demi-rel. v. f. tr. jasp. (*Kœhler.*)

1652. Peignot (Gabr.). Dictionnaire critique, littéraire et bibliographique des principaux livres condamnés au feu, supprimés ou censurés. *Paris*, *A. Renouard*, 1806, 2 vol. in-8, demi-rel. v. f. n. rog.

Exemplaire interfolié et annoté.

1653. Peignot (Gabr.). Répertoire bibliographique universel. *Paris*, *Aug. Renouard*, 1812, in-8, demi-rel. v. ant. tr. marbr.

1654. Peignot (Gabr.). De la Maison royale de France, ou Précis généalogique et anecdotique sur la famille de Bourbon. *Paris et Dijon*, 1815, in-8, front. demi-rel.

1655. Peignot (Gabr.). Précis historique et analytique, depuis saint Louis jusqu'à Louis XVIII. *Paris*, *Aug. Renouard*, 1817, in-8, cart. n. r.

1656. Peignot (Gabr.). Mélanges littéraires, philologiques et bibliographiques. *Paris*, *Aug. Renouard*, 1818, in-8, demi-rel. percal. n. r.

1657. Peignot (Gabr.). Essai historique sur la lithographie. *Paris*, *A. Renouard*, 1819, in-8, figure, demi-rel. percal. n. rog.

1658. Recherches historiques, littéraires et bibliographiques sur la vie et les ouvrages de M. de la Harpe, par Gabr. Peignot. *Dijon*, 1820, pet. in-8, demi-percal. n. rog.

1659. Peignot (Gabr.). Des Comestibles et vins de la Grèce et de l'Italie en usage chez les Romains. *Dijon*, 1822, plaquette de 43 pages, n. rog.

Tiré à 50 exemplaires.

1660. Peignot (Gabr.). Du Luxe de Cléopâtre dans ses festins avec Jules César, puis avec Marc-Antoine, br. in-8 de 23 pages, n. r.

1661. Peignot (Gabr.). Recherches sur le luxe des Romains dans leur ameublement. *Dijon*, *veuve Lagier*, 1837, in-8, br. n. r.

Tiré à 150 exemplaires.

1662. Peignot (Gabr.). Quelques Recherches sur le tombeau de Virgile, br. de 25 feuilles, n. rog.

1663. Peignot (Gabr.). Amusements philologiques, ou Variétés en tous genres. *Paris, Renouard*, 1808, in-8, demi-rel. bas.

1664. Amusements philologiques, ou Variétés en tous genres, par G.-P. Philomneste (Gabr. Peignot. *Dijon*, 1824, in-8, demi-rel. v. f.

1665. Manuel du bibliophile, ou Traité du choix des livres. *Dijon*, *Victor Lagier*, 1823, 2 vol. in-8, demi-rel. dos et coins de v. f. fil. n. rog. (*Kœhler.*)

1666. Peignot Gabr.). Histoire d'Hélène Gillet, ou Relation d'un événement extraordinaire et tragique survenu à Dijon dans le XVIIe siècle. *Dijon*, *veuve Lagier*, 1829, in-8, demi-percal. n. r.

1667. Recherches historiques sur la personne de Jésus-Christ, sur celle de Marie, sur les deux généalogies du Sauveur et sur sa famille, par un ancien bibliothécaire (Gabriel Peignot). *Dijon Victor Lagier,* 1829, in-8, plan gr. du chemin de la croix, demi-rel. v. f. dos à nerfs.

1668. Peignot (Gabr.). Quelques Recherches sur d'anciennes traductions françaises de l'Oraison dominicale, br. in-8, n. r.

1669. Peignot (Gabr.). Recherches sur l'époque où les premiers Chrétiens, les Romains et les peuples d'Occident ont commencé à adopter la semaine, c'est-à-dire la division des jours du mois en nombre septénaire, br. in-8, n. r.

1670. Peignot (Gabr.). Notice de XXII grandes miniatures, ou tableaux en couleur réunis en tête d'un manuscrit du XVe siècle, précédée de quelques recherches sur l'usage d'enrichir les livres de ces sortes d'ornements, chez les anciens et au moyen âge, br. in-8, n. r.

1671. Peignot (Gabr.). Essai analytique sur l'origine de la langue française et sur un recueil de monuments de cette langue, classés chronologiquement depuis le IXe siècle jusqu'au XVIIe, br. in-8, facsimile, n. rog.

1672. Peignot (Gabr.). Recherches sur les diverses opinions relatives à l'origine et à l'étymologie du mot Pontife, br. de 23 pages, n. r.

1673. Peignot (Gabr.). Choix de testaments anciens et modernes, remarquables par leur importance, leur singularité ou leur bizarrerie. *Paris, Renouard,* 1829, 2 vol. in-8, demi-rel. maroq. noir, jans. tr. jasp.

1674. Précis historique, généalogique et littéraire de la maison d'Orléans, par un membre de l'Université. *Paris*, *Crapelet*, 1830, in-8, demi-rel. maroq. rouge à nerfs, n. rog.

1675. Peignot (Gabr.). L'Illustre Jaquemart de Dijon, détails historiques, instructifs et amusants sur ce haut personnage, domicilié en plein air, dans cette charmante ville, depuis 1382. *Dijon*, *V. Lagier*, 1832, br. in-8, demi-percal. n. rog.

Tiré à 250 exemplaires. Cet exemplaire est sur papier rose.

1676. Peignot (Gabr.). L'Illustre Jaquemart de Dijon, détails historiques, instructifs et amusants sur ce haut personnage, domicilié en plein air, dans cette charmante ville, depuis 1382. *A Dijon*, *Victor Lagier*, 1832, in-8, figure, demi-percal. n. r.

Exemplaire sur papier jonquille.

1677. Peignot (Gabr.). Essai historique sur la liberté d'écrire chez les anciens et au moyen âge, sur la liberté de la presse depuis le xve siècle. *Paris*, *Crapelet*, 1832, demi-rel. dos et coins de maroq. rouge. (*Ottmann-Duplanil.*)

1678. Peignot (Gabr.). Nouvelles Recherches littéraires, chronologiques et philologiques sur la vie et les ouvrages de Bernard de la Monnoye. *Dijon*, *V. Lagier*, 1832, br. in-8, portraits, demi-percal. n. rog.

Tiré à 100 exemplaires. Sur celui-ci se trouve un envoi autographe signé *Gabr. Peignot.*

1679. Peignot (Gabr.). Essai historique et archéologique sur la reliure des livres et sur l'état de la librairie chez les anciens (avec planches). *Dijon et Paris*, 1834, br. in-8, cart. n. r.

Tiré à 200 exemplaires.

1680. Peignot (Gabr.). Détails historiques sur le château de Dijon, depuis le xve siècle jusqu'au temps présent. *Dijon*, *V. Lagier*, 1833, in-8, gravures, demi-rel. veau rose, n. rog.

1681. Peignot (Gabr.). D'une Pugnition divinement envoyée aux hommes et aux femmes pour leurs paillardises et incontinences désordonnées. *A Naples et en France*, 1836, br. in-8, demi-percal. n. r.

1682. Peignot (Gabr.). Recherches historiques et philologiques sur la philotésie, ou usage de boire chez les anciens, au moyen âge et chez les modernes. *Dijon, V. Lagier*, 1836, br. in-8, n. r.

Tiré à 100 exemplaires.

1683. Peignot (Gabr.). Nouveaux Détails historiques sur le siége de Dijon, en 1513, sur le traité qui l'a terminé et sur la tapisserie qui le représente. *Dijon*, 1837, br. in-4, fac-simile.

1684. Peignot (Gabr.). Catalogue d'une partie des livres composant la bibliothèque des ducs de Bourgogne au XVe siècle. *Dijon, V. Lagier*, 1841, in-8, demi-percal. n. rog.

En regard du titre se trouve un envoi autographe signée de G. Peignot.

1685. Peignot (Gabr.). Recherches historiques sur l'origine et l'usage de l'instrument de pénitence appelé Discipline. *Dijon, V. Lagier*, 1841, in-8 de 31 pages, demi-percal. n. r.

1686. Peignot (Gabr.). Recherches historiques sur l'origine et l'usage de l'instrument de pénitence appelé Discipline. *Dijon, Victor Lagier*, 1841, in-8 de 31 pages, demi-rel. v. f. n. rog.

1687. Prédicatoriana, ou Révélations singulières et amusantes sur les prédicateurs, par G.-P. Philomneste (Gabr. Peignot). *Dijon*, 1841, in-8, demi-rel. v. f.

1688. Le Livre des singularités, par G.-P. Philomneste (Gabriel Peignot). *Dijon*, 1841, in-8, demi-rel. v. f.

1689. Opuscules de Gabriel Peignot, extraits de divers journaux, revues, recueils littéraires, dont il n'a été fait aucun tirage à part, par Ph. Milsand. *Paris*, *J. Techener*, 1863, gr. in-8, portrait, demi-rel. maroq. rouge du Lev. à nerfs.

Exemplaire en grand papier.

SUPPLÉMENT.

1690. COLLECTION DES ÉCONOMISTES. *Paris*, *Guillaumin*, 1840, 16 vol. gr. in-8, demi-rel. mar. (*Bel exemplaire.*)

FIN.

TABLE DES DIVISIONS.

—

THÉOLOGIE.

JURISPRUDENCE.

SCIENCES ET ARTS.

BELLES-LETTRES.

HISTOIRE.

FIN DE LA TABLE DES DIVISIONS.

www.ingramcontent.com/pod-product-compliance
Ingram Content Group UK Ltd.
Pitfield, Milton Keynes, MK11 3LW, UK
UKHW020244180726
13839UKWH00001B/155

9 782329 588995